질문으로 시작하는 초등 한국사 2

이 책을 더 알차게 활용하는 방법

1. 이 책은 역사를 질문으로 시작해서 재미있는 이야기로 이해할 수 있도록 구성했습니다. 역사 속의 주인공들이 등장해서 당시의 생활 모습을 들려주기 때문에 더 친근하게 느낄 수 있답니다.
2. 짧은 이야기 끝에는 '용어 퀴즈'가 나옵니다. 가벼운 마음으로 풀어 보세요. 부담스럽다면 그냥 넘어가세요.
3. '역사랑 친해져 볼까?'는 주제와 관련된 탐구 활동 코너입니다. 각 시대의 유물이나 유적 등을 보면서 상상의 나래를 펼쳐 볼 수 있답니다. 빈 곳에 여러분의 생각을 채워 보세요. 부담스럽다면 그냥 넘어가세요.
4. '역사 속으로 떠나 볼까?'는 몸으로 직접 움직이는 체험 활동 코너입니다. 각 시대를 대표하는 곳에 가서 따라 해 보고, 활동한 내용을 써 보세요.
5. '용어 퀴즈'와 '역사랑 친해져 볼까?', '역사 속으로 떠나 볼까?'의 예시 답안은 부록에 수록했습니다.

질문으로 시작하는 초등 한국사

2 조선 후기부터 현대 사회까지

한국역사교육학회 글·오승만 그림

북멘토

 **머리말**

"역사 속에 꼭꼭 숨어 있던 보통 사람들의 이야기를 만나 보세요.
역사 속 인물과 사건이 더 친근하게, 더 쉽고 재미있게 다가올 거예요."

안녕하세요, 여러분!
우리는 학교에서 여러분 또래의 친구들을 가르치고 있는 선생님들입니다.
교실에서 친구들에게 역사를 가르치다 보면 늘 고민하는 문제가 있었어요. 역사를 생각할 때 나의 삶과는 전혀 상관없는 영웅들의 이야기로만 받아들인다는 점이었죠. 그렇게 생각하는 것도 한편으로는 이해가 돼요. 왜냐하면 친구들이 학교에서 배우는 교과서가 역사 속 인물과 문화재를 중심으로 이루어졌기 때문이죠.
그래서 우리는 역사 속 인물과 사건을 더 친근하게 느낄 수 있고, 더 쉽고 더 재미있고 더 흥미진진한 역사책을 만들어 보자고 뜻을 모았어요. 그러기 위해 2년간 열심히 자료를 모았고, 그 결과물이 바로 『질문으로 시작하는 초등 한국사 1·2』랍니다.
이 책은 선사 시대부터 현대까지의 우리나라 역사를 주제별로 나누고 친구들이 평소 궁금해했던 질문에 답하는 형식으로 만들었어요. 책장을 한 장 한 장 넘기다 보면 흥미로운 주제와 생동감 있는 이야기 속으로 흠뻑 빠져들게 될 거예요.

"4만 년 전 어린이는 어떻게 살았을까?"
"철갑옷을 가장 잘 만드는 나라는 어디였을까?"
"고구려 사람들은 왜 높은 산 위에 성을 쌓았을까?"
"발해의 부처님은 왜 십자가 목걸이를 하고 있을까?"
"왕건은 왜 결혼을 여러 번 했을까?"
"양반 도령들은 힘든 공부를 왜 했을까?"

어때요? 역사책을 한 권이라도 읽어 본 친구라면 한 번쯤 궁금해했을 내용이죠? 이 책은 이런 질문에 친절한 답을 해 줄 거예요. 우리 선생님들이 오랫동안 함께 고민하고 토론해서 답을 찾았기 때문에 쉽고 재미있을 거라고 자신할 수 있어요.

또한, 책을 읽다 보면 다양한 역사 속 인물을 만나게 될 거예요. 친구들이 학교에서 배우는 교과서나 대부분의 역사책은 어떤 시대나 사건을 이야기할 때 왕이나 영웅 같은 역사 인물을 중심으로 설명을 해 나가요. 하지만 이 책은 조금 달라요.

특별한 인물만이 한 시대를 대표할 수 있을까요? 역사 속에는 주인공만 있었을까요? 천만 관객이 본 영화에도 빛나는 조연들이 있듯이, 우리 역사 속에도 수많은 조연들이 존재했어요. 우리는 주연만이 아니라 조연들이 함께 역사를 만들어 왔다는 것을 이야기하고 싶었어요.

　이런 고민 끝에 가야의 송현이, 신라의 지은이, 고려의 찔레, 조선의 양반 아이 숙길이, 병자호란 때 청나라에 끌려 간 안추원, 우리나라 최초의 서양 의사 박서양과 백정 아버지 박성춘의 이야기를 싣게 된 거예요. 그동안 역사 속에 꼭꼭 숨어 있던 보통 사람들의 이야기를 읽으면서 친구들이 그 시대의 역사를 이해할 수 있으면 좋겠다고 생각한 것이죠. 친구들이 이 책을 읽고 나서 '우리 역사에 이런 사람도 있었구나!', '나의 일기도 중요하구나!'라고 생각할 수 있으면 좋겠어요. 역사가 나와 관련 없는 과거의 이야기가 아니라 나라는 존재가 역사의 한 장면을 만들어 가고 있다는 점을 이해할 수 있으면 좋겠어요.

　마지막으로 평범한 역사와 작은 역사들을 통해 전체의 역사를 들여다보고, 스스로 역사의 장면 장면을 상상해 보면 좋겠다는 바람이 있어요. 그래서 이 책이 친구들에게 학교 역사 공부에서 부족한 부분을 보충할 수 있는 또 하나의 교과서로 자리매김할 수 있기를 기대합니다.

2018년 가을
이 책을 쓴 선생님들

 차례

머리말 4

01 장이 서는 날을 기다리는 사람들 11
'호랑이 담배 피우던 시절'은 언제쯤일까?
수복이네는 논과 밭에서 무엇을 길렀을까?
닷새마다 열리는 장에는 어떤 사람들이 모였을까?
역사랑 친해져 볼까? | 수복이의 장터 체험 18
역사 속으로 떠나 볼까? | '안성맞춤'이라는 말이 생겨난 안성으로! 20

02 노비도 양반이 될 수 있는 세상 23
놀부는 처음부터 양반이었을까? • 노비 수봉의 자손은 어떻게 양반이 되었을까?
탈춤판 말뚝이는 양반을 왜 놀려 댔을까? • 몰락한 양반은 어떻게 살았을까?
역사랑 친해져 볼까? | 그림으로 엿보는 옛 사람들의 생각과 삶 32

03 조선 사람들, 새로운 세상을 꿈꾸다 35
암행어사 정약용은 장터에서 무엇을 보았을까?
최제우는 어떤 세상을 만들고 싶었을까? • 진주 농민들은 왜 봉기했을까?
역사랑 친해져 볼까? | 평민에게서 배운 정약전 42

04 서양을 만난 조선 사람들 45
서양인의 눈에 비친 조선의 모습은 어땠을까?
달리는 쇳덩어리, 저것이 무엇인고?
최초의 국비 유학생, 유길준의 꿈은 무엇이었을까?
서양 문물을 받아들인 조선은 어떻게 달라졌을까?
역사랑 친해져 볼까? | 이것은 무엇일까? 54
역사 속으로 떠나 볼까? | 우리나라 최초의 철도가 놓인 인천으로! 56

05 새로운 조선을 향해 한 발 앞으로 59
신분 제도는 언제 없어졌을까? • 농민군 김개남이 집강소에서 한 일은 무엇일까?
신분이 없어진 세상에서는 무엇이 달라졌을까? • 소학교에서는 무엇을 배웠을까?
역사랑 친해져 볼까? | 국경일은 언제 생겼고, 어떻게 달라졌을까? 68

06 기울어 가는 나라를 지키는 사람들 71
을사년, 서울에서는 무슨 일이 있었을까? • 누가 의병이 되어 일본에 맞섰을까?
싸우지 않고 일본에 맞선 사람들은 어떻게 했을까?
특사 세 사람은 헤이그에 왜 갔을까?
역사랑 친해져 볼까? | 우리가 돈을 모아 나랏빚을 갚자! 80

07 식민지 조선의 고달픈 어린이들 83
경복궁에 일장기는 왜 내걸렸을까? • 순이는 학교에서 무엇을 배웠을까?
학교에 다니지 못하는 어린이들은 무엇을 했을까?
역사랑 친해져 볼까? | 조선 총독부가 금지한 놀이를 찾아라! 90

08 독립의 꿈을 키우는 사람들 93
학생들은 3월 1일에 왜 거리로 뛰쳐나왔을까?
독립운동가들은 왜 대한민국 임시 정부를 세웠을까?
대한민국 임시 정부는 어떤 일을 했을까?
봉오동 전투와 청산리 전투는 왜 일어났을까?
나석주는 어디에 폭탄을 던졌을까? • 방정환은 왜 어린이날을 만들었을까?
역사랑 친해져 볼까? | 지도에서 이곳을 찾아라! 106
역사 속으로 떠나 볼까? | 독립운동의 발자취를 따라 만주와 상하이로! 108

09 전쟁터로 내몰린 사람들 111
전쟁 중에 사람들은 어떻게 살았을까? • 전쟁 중에 학교에서는 무엇을 했을까?
전쟁 중에 사람들은 어디로 끌려갔을까? • 김준엽은 왜 일본군 부대를 탈출했을까?
역사랑 친해져 볼까? | 할머니가 그림으로 말하고 싶은 것은? 120

10 우리 가족이 겪은 역사적 사건 123

할아버지와 할머니의 어린 시절은 어땠을까?
해방되던 날, 할아버지는 어디에 있었을까?
한국 전쟁은 할아버지, 할머니의 삶을 어떻게 바꾸었을까?
가난한 시골 소녀들은 왜 서울로 갔을까? • 아버지는 어떤 학교생활을 했을까?
역사랑 친해져 볼까? | 누가 겪은 일일까? 사진의 주인을 찾아라! 134

11 모두가 함께 일궈 낸 민주주의 137

민주주의 국가에서 가장 중요한 것은 무엇일까?
무명천 할머니에게는 무슨 일이 있었던 걸까?
고등학생 김주열은 왜 시위에 나섰을까?
평화시장 노동자 전태일의 소원은 무엇이었을까?
그날 광주 시민들은 왜 광장에 모였을까?
청년 이한열은 어떤 나라를 꿈꾸었을까?
역사랑 친해져 볼까? | 우리나라 민주주의 역사를 추적하라! 152
역사 속으로 떠나 볼까? | 5월의 축제가 열리는 민주화의 고장 광주로! 154

12 서로의 차이를 넘어, 함께 여는 우리의 미래 157

오두산 정상에 서면 임진강 너머로 무엇이 보일까?
이산가족은 왜 만날 수 없었을까?
'평화의 소녀상'은 왜 세웠을까? • 모두가 행복한 미래는 어떤 모습일까?
역사랑 친해져 볼까? | 가족 신문을 완성하라! 166

역사의 강을 따라가 볼까? 168
정답 172
찾아보기 178
사진 출처 181
참고 자료 183

'호랑이 담배 피우던 시절'은 언제쯤일까?
수복이네는 논과 밭에서 무엇을 길렀을까?
닷새마다 열리는 장에는 어떤 사람들이 모였을까?

장이 서는 날을
기다리는
사람들

'호랑이 담배 피우던 시절'은 언제쯤일까?

아래의 그림 속 호랑이는 담뱃대를 물고 거만한 자세로 앉아 있고, 토끼는 바른 자세로 서서 담뱃대를 들고 호랑이의 시중을 들고 있다. 만약 할아버지, 할머니가 이 그림을 본다면 "옛날 옛적 호랑이 담배 피우던 시절의 그림인가 보구나."라고 하실지도 모른다. 그런데 '호랑이가 담배 피우던 시절'은 언제쯤을 말하는 걸까? 얼마나 오래전일까?

담배의 원산지는 저 멀리 남아메리카로, 담배 씨앗과 담배 기르는 법이 이 땅에 전해진 것은 임진 전쟁 무렵 일본을 통해서였다. 담배는 몸속의 회충을 없애고 배탈을 낫게 하는 약초로 알려지면서 사람들 사이에 널리 퍼졌다. 그

이묘봉인도 토끼 두 마리가 담배 피우는 호랑이의 시중을 들고 있는 모습을 그린 그림이다.

담배 담배는 밭에서 기르는 식물로, 담배의 잎을 말려서 피우는 담배를 만든다. '담바고'라는 이름으로 일본에서 처음 들어왔다.

래서 담배가 들어온 지 얼마 지나지 않아 남자와 여자, 양반과 노비 가릴 것 없이 담배를 즐겨 피웠다. 담배를 피우다가 담뱃불에 초가집을 홀랑 태워 먹는 사람도 있었다. 산속 호랑이까지 담뱃대를 물고 다닌다는 우스갯소리가 나돌 정도로 담배는 아주 인기가 많았다.

  담배가 크게 인기를 끌자 너도나도 담배를 길렀다. 넓은 밭에 담배를 길러 장에 내다 팔아서 돈을 많이 버는 농부도 생겨났다. 벼와 보리처럼 옛날부터 기르던 농작물 말고 담배처럼 외국에서 들여온 농작물을 기르는 농부들이 점점 많아졌다.

수복이네는 논과 밭에서 무엇을 길렀을까?

　수복이네 논에서 벼를 베는 날, 아침 일찍부터 마을 어른들과 품삯을 받고 남의 일을 해 주는 품팔이 일꾼들이 모여들었다. 마을에서는 집집마다 사람을 내어 '두레'라는 모임을 만들고, 모내기, 김매기, 벼 베기 같은 농사일을 돌아가며 도왔다. 사람들은 벼 베기 소리에 맞춰 낫으로 썩썩 벼를 베었다.

　거둬들인 벼에서 떨어낸 알곡은 나라에 세금으로 낼 것과 가족들이 먹을 것, 내년에 논에 씨앗으로 뿌릴 것을 남기고 장에 내다 팔 것이다.

　한나절 일을 하고 배가 고파질 즈음에 어머니와 아주머니들이 보리밥, 감자,

막걸리 등이 담긴 새참 소쿠리를 이고 왔다. 수복이는 밥보다 찐 감자를 더 좋아한다. 중국에서 들여온 감자는 가뭄을 잘 견디는 기특한 작물이다. 일본에서 들여온 고구마도 쌀이 부족할 때 밥 대신 먹기 좋은 작물이다.

수복이네는 밭에서 고추도 기른다. 고추는 다른 나라에서 들여온 지 얼마 되지 않은 귀한 작물이라 장에 가져가면 비싸게 팔린다. 어떤 농부들은 담배, 인삼, 면화 등을 길러 팔기도 한다. 인삼은 대부분 무역상을 통해 중국과 일본으로 팔려 나간다.

이렇게 돈을 번 농부들 중에는 논과 밭을 더 사들여서 더 많은 농작물을 길러 큰 부자가 된 사람도 있다. 하지만 자기 땅이 없어서 남의 집 일을 돕는 품팔이로 겨우겨우 먹고사는 농부들이 훨씬 더 많았다. 해가 바뀔수록 부유한 농부와 가난한 농부의 살림살이는 점점 더 차이가 커졌다.

농부들은 고추, 배추, 면화, 약초, 인삼 등을 길러 장에 내다 팔았다.
특히 _____(은)는 무역상을 통해 중국과 일본으로 수출되었다.

닷새마다 열리는 장에는
어떤 사람들이 모였을까?

 사람들이 많이 오가는 곳에서는 닷새에 한 번씩 장이 열렸다. 장이 서는 날에는 이른 아침부터 물건을 등에 지고 다니며 파는 등짐장수들과 물건을 보자기에 싸서 메고 다니며 파는 봇짐장수들이 장터로 모여들었다.
 장터 한쪽에 자리를 잡은 이들의 등짐과 봇짐에서는 짚신, 옹기그릇, 병아리와 닭, 바닷가 포구에서 가져온 생선 등 별의별 물건이 다 나왔다. 방물장수의 보따리에서는 여자들이 쓰는 거울과 빗, 화장품, 바느질 도구와 장신구 등 알

집에 배달은 안 되나요?

목청 큰 놈으로 주시오.

록달록 예쁜 물건들이 쏟아져 나왔다.

밭에서 기른 채소나 곡식, 공들여 짠 옷감을 들고 나온 사람들도 장터로 모여들었다. 몇 시간씩을 걸어서 장터 구경을 나온 사람들도 많았다. 갖가지 약초를 파는 약방도, 농기구를 만들거나 손질해 주는 대장간도 아침 일찍부터 사람들로 붐볐다. 장터 국밥집에서는 세상 소식과 온갖 소문이 돌았고, 신랑감과 신붓감을 구하는 이야기가 오가기도 했다. 사람들이 많이 다니는 길목에는 왕이 백성들에게 알리는 글이나 죄인을 찾는 얼굴 그림이 나붙기도 했다.

지금으로부터 약 200년 전에는 조선 팔도에 이런 모습으로 열리는 크고 작은 장이 1,500개가 넘었다고 한다.

상평통보 조선 시대 장터에서는 필요한 물건을 서로 교환하거나 상평통보라는 엽전을 화폐로 사용했다.

> 역사랑 친해져 볼까?

수복이의 장터 체험

오늘은 장이 서는 날. 수복이는 어머니 심부름으로 장에 가는 큰형 오복이를 따라 나섰다. 수복이, 오복이와 함께 북적북적한 조선 시대 장터로 들어가 보자.

■ 어머니는 오복이에게 집에서 키운 새끼 돼지 한 마리를 판 다음, 가족들이 먹을 굴비 한 두름과 달걀 한 줄을 사 오라고 하셨다. 수복이, 오복이 형제가 들러야 할 곳을 모두 찾아서 ○ 해 보자.

■ 알맞은 말을 골라 ○ 하고, 설명에 해당하는 곳을 그림에서 찾아보자.

① (옹기 가게 / 바구니 가게 / 대장간)(는)은 쇠를 녹여 낫, 호미, 칼과 같은 농기구나 생활 도구를 만드는 곳이다. 마을마다 이곳이 많이 생기면서 사람들의 생활이 편리해졌다.

② (옹기 가게 / 바구니 가게 / 대장간)(는)은 짚이나 대나무로 만든 광주리, 바구니, 멍석, 나막신 등을 파는 곳이다. 솜씨 좋은 농부들은 틈틈이 바구니나 멍석을 엮어서 내다 팔았다.

③ (옹기 가게 / 바구니 가게 / 대장간)에서는 항아리나 뚝배기와 같은 옹기그릇을 팔았다. 옹기그릇은 숨 쉬는 그릇으로, 냉장고가 없던 시절에 음식을 저장하고 발효시키는 데 중요하게 쓰였다.

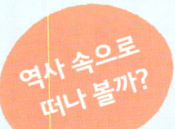

'안성맞춤'이라는 말이 생겨난 안성으로!

경기도 안성은 충청도, 전라도, 경상도 지방에서 서울로 올라오는 길목에 위치하고 있다. 그래서 안성장에는 전국 각지의 다양한 물건들이 모여들었고, 오래전부터 아주 유명했다. 경기도 안성시를 찾아가 보자.

안성장에서 가장 유명한 것은 '유기'이다. 유기는 놋쇠로 만든 그릇을 말하는데, 안성에서 만든 유기는 품질이 뛰어나고 모양이 예뻐서 예로부터 인기가 아주 높았다.

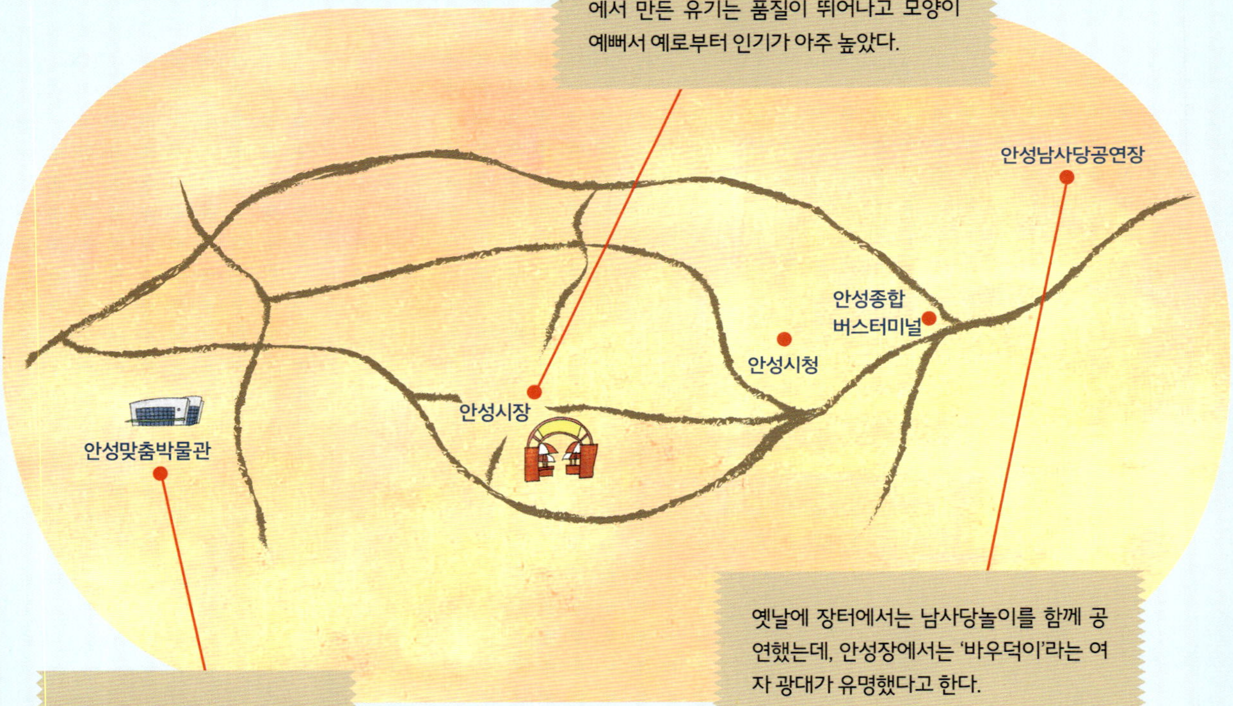

안성남사당공연장

안성종합버스터미널

안성시청

안성시장

안성맞춤박물관

옛날에 장터에서는 남사당놀이를 함께 공연했는데, 안성장에서는 '바우덕이'라는 여자 광대가 유명했다고 한다.

안성에서 만든 유기는 주문한 사람의 마음에 딱 맞는다고 하여 '안성맞춤'이라는 말이 생겨났다.

안성시장

- 안성 오일장이 열리는 날을 알아보자.
- 우리 동네 슈퍼마켓에서는 볼 수 없는 물건을 세 가지만 찾아서 적어 보자.

안성남사당공연장

- 남사당놀이를 보고, 오늘날 아이돌의 공연과 비교해 보자.

안성맞춤박물관

- 내 밥그릇으로 사용하고 싶은 유기를 찾아 사진을 찍어 보자.

놀부는 처음부터 양반이었을까?
노비 수봉의 자손은 어떻게 양반이 되었을까?
탈춤판 말뚝이는 양반을 왜 놀려 댔을까?
몰락한 양반은 어떻게 살았을까?

노비도 양반이 될 수 있는 세상

놀부는 처음부터 양반이었을까?

장터처럼 사람들이 많이 모이는 곳에는 재미있는 소설을 읽어 주며 돈을 버는 이야기꾼이 있었다. 이야기꾼은 장화홍련전, 흥부전, 심청전 등 사람들 사이에서 유행하는 한글 소설을 구수한 이야기로 들려주었다. 오늘의 이야기는 흥부전!

드디어 놀부가 박을 타는 장면에 이르자 이야기꾼의 목소리가 더욱 커졌다.

"스르렁, 슬근 톱질이야. 얼씨구 당기어라. 놀부가 신이 나서 슬근슬근 박을 툭 타 놓으니, 무섭게 생긴 노인과 하인들이 우르르 나와 놀부에게 소리쳤겠다!"

"놀부한테 뭐라고 했는데? 거참, 뜸 들이지 말고 빨리 말해 보슈!"

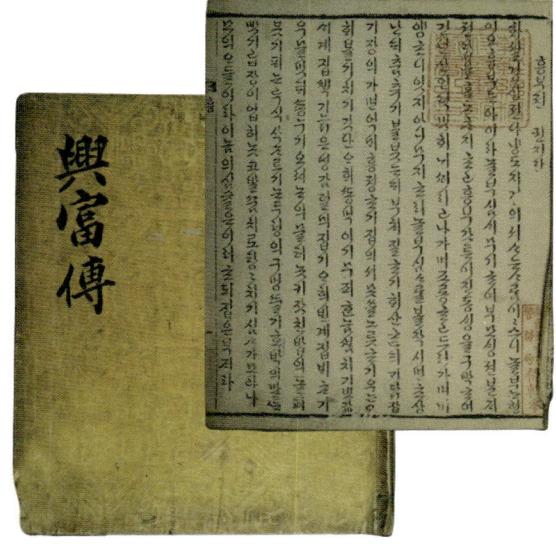

『흥부전』의 표지(아래)와 본문 첫 부분(위)

"네 이놈, 놀부야! 네 아비 껄떡쇠와 네 어미 덜렁녀가 모두 나의 노비였다. 수십 년 전에 네 아비가 나의 재산을 훔쳐 달아났는데 이제야 찾았구나. 너희 식구 모두 우리 집으로 가자!"

"아하, 놀부란 놈이 원래는 노비였구먼. 그래서 그다음에 어찌 되었소?"

"그다음 이야기가 궁금하면, 닷새 뒤 다음 장날에 만납시다."

이야기꾼은 사람들이 주머니를 털어서 내놓은 이야깃값을 챙겨 들고 유유히 사라졌다.

노비 수봉의 자손은
어떻게 양반이 되었을까?

    지금부터 300년 전쯤 경기도 풍덕 고을에 수봉이라는 노비가 살았다. 부모는 물론 그 이전 조상 때부터 양반 심정량 집안의 노비였다. 주인집에 살며 궂은일을 도맡아 하는 노비도 있었지만, 주인집과 떨어진 집에서 자기 가족끼리 모여 사는 노비도 있었다. 수봉은 주인과 따로 사는 노비였다. 주인에게 노비세로 수확한 농작물을 잘 내기만 하면 다른 것은 간섭받지 않고 살 수 있었다.
    솜씨 좋고 부지런한 수봉은 주인집 농사를 돌보는 틈틈이 갖가지 물건을 만들어 장에 내다 팔았다. 이렇게 모은 돈으로 밭을 사서 농작물을 길러 팔았다. 많은 곳에 장이 서고 물건을 사고파는 상업이 발달하자 수봉처럼 재산을 모으는 노비들이 생겨났다. 돈 많은 노비가 또 다른 노비를 부리는 일도 있었다.
    어느 해 가뭄이 심하게 들어 나라 살림이 어려워졌을 때, 수봉은 나라에 많은

김득신이 그린 〈반상도〉 갓을 쓴 양반이 노새에 올라타 노비의 시중을 받으며 길을 가고 있다. 길에서 양반을 만난 사람은 이마가 바닥에 닿을 정도로 허리를 숙이고 양반에게 인사를 하고 있다. 아마도 신분이 낮은 사람이었을 것이다.

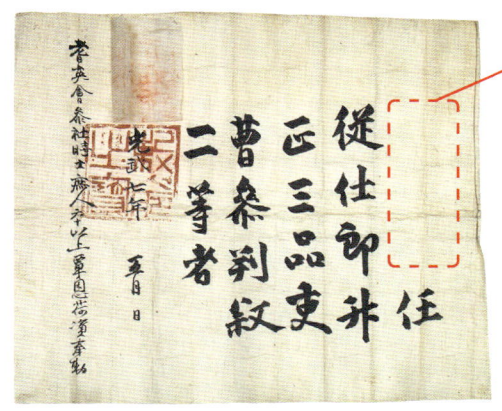

공명첩 벼슬을 받는 사람의 이름 쓸 자리를 비워 둔 임명장이다. 나라가 어려울 때 돈이나 곡식을 나라에 바치면 즉석에서 그 사람의 이름을 적어 넣어 벼슬을 내렸다. 그러나 진짜 벼슬이 아닌 이름뿐인 벼슬로 명예직이었다.

곡식을 바치고 노비 신분에서 벗어나 평민이 되었다. 조선에는 나라 살림이 어려울 때 곡식이나 돈을 바치면 신분을 높여 주는 제도가 있었기 때문이다. 수봉의 아들들도 같은 방법으로 평민 신분을 얻었다. 마침내 수봉은 주인과 연락을 끊고, 자기 가족에 대해 아는 사람이 없는 먼 곳으로 옮겨 가 살았다.

수봉의 자손들은 양반 신분까지 얻고자 노력했다. 양반이 되면 좋은 점이 많았기 때문이다. 차별을 당하거나 업신여김을 받지 않았고, 죄를 지어도 가벼운 벌을 받았다. 무엇보다 양반은 군포를 내지 않았다. 군포는 열여섯 살이 넘은 평민 남자들이 옷감으로 내는 세금이었다. 나라에서는 군포를 받아서 직업 군인을 뽑고 군대를 운영했는데, 해마다 한 사람당 두 필씩 내야 하는 군포는 아주 부담스러운 세금이었다.

그래서 사람들은 어떻게든 양반이 되려고 했다. 가난한 양반의 딸과 혼인하여 양반 족보에 이름을 올리거나, 아예 양반 족보를 사 버리거나, 과거 시험 합격증이나 공명첩을 사서 양반 신분을 얻으려고 했다.

오랜 세월이 지나 수봉의 자손들은 여러 방법을 써서 양반 신분을 얻어 냈다. 노비였던 수봉이 평민 신분을 얻은 지 약 200년 만의 일이었다. 그리고 시간이 흐를수록 수봉의 자손들처럼 양반이 되는 사람들이 점점 늘어났다.

탈춤판 말뚝이는
양반을 왜 놀려 댔을까?

장터 한쪽에서 탈춤판이 벌어졌다. 구름떼처럼 모여 있는 구경꾼들 앞으로 말뚝이 역을 맡은 광대가 손에 채찍을 들고 "쉬이!" 하고 등장했다. 그러자 '덩기덕 쿵더러러러' 하던 굿거리장단이 뚝 멈추었다. 말뚝이 옆에는 양반탈을 쓴 광대들이 거들먹거리며 서 있었다.

말뚝이: 양반 나가신다, 양반! 양반이라고 하니까, 높은 벼슬 지낸 그런 양반인 줄 생각하지 마시오. 개가죽이라는 '양' 자에, 개다리소반이라는 '반' 자를 쓰는 양반이 나오신단 말이오.

모실 양반이 왜 하나도 안 보이지?

조선을 대표하는 이 미남도 안 보이느냐?

속이 다 시원하네!

양반춤에서 쓰는 탈 왼쪽부터 말뚝이탈, 생원탈, 도련님탈이다. 생원은 입이 코까지 찢어졌고, 도련님은 코와 입이 비뚤어졌다. 무능하고 부패한 양반을 우스꽝스럽게 표현한 것이다.

양반들: 야, 말뚝이 이놈! 뭐야?

말뚝이: 아! 이 양반들, 어찌 듣는지 모르겠소. 노론, 소론, 호조, 병조, 옥당, 높은 벼슬 다 지내고 퇴직하신 이 생원 댁 삼 형제분이 나오신다고 하였소.

생 원: 말뚝이 이놈, 양반을 모시지 않고 어디를 그리 돌아다니느냐?

말뚝이: 예, 예! 모실 양반을 찾으려고 아침 일찍 찬밥을 국에 말아 먹고, 노새를 끌어다가 등에 솔질을 쌀쌀 하여 말뚝이님 내가 올라타고, 동네방네 바위 틈틈이, 참나무 결결이 아무리 찾아도 양반은 한 놈도 없던데요?

탈춤 속 양반들은 하인 말뚝이에게 조롱당하는 줄도 모른다. 나중에 말뚝이가 나랏돈을 몰래 빼돌린 취발이를 잡아 오지만 양반들은 돈을 받고 취발이를 풀어 준다. 부정부패를 저지르는 양반들을 비꼬는 장면이다.

구경꾼들은 말뚝이와 함께 어리석고 부패한 양반들을 조롱하며 신나게 탈춤판을 즐겼다. 사람들은 이제 양반을 무조건 어려워하지 않았다. 벼슬자리에 앉아 허세만 부리고, 나라를 제대로 이끌지도 못하면서 힘을 앞세워 나쁜 짓을 일삼는 양반들은 구경꾼들의 웃음거리가 되기 일쑤였다.

탈춤에 등장하는 _____(은)는 부패하고 어리석은 양반을 놀리고 조롱하는 인물이다.

몰락한 양반은 어떻게 살았을까?

수봉의 후손들처럼 양반으로 신분이 높아진 사람들과 반대로 집안이 몰락하여 신분만 양반이지 평민과 다름없이 사는 양반도 있었다.

조상 때부터 서울에 살며 여러 대를 이어서 높은 벼슬을 했던 양반들은 많은 땅과 재산에, 수백 명이 넘는 노비를 거느리고 살았다. 이런 양반 집안 중에 힘센 몇몇 집안이 세력을 크게 키워 벼슬자리의 대부분을 차지했다. 높은 벼슬자리를 차지한 양반 중에는 돈을 받고 낮은 벼슬자리를 파는 양반도 있었다. 그래서 아무리 실력이 뛰어난 양반이라도 집안에 권력과 돈이 없으면 벼슬길에 오르기 어려웠다.

벼슬할 기회를 얻지 못한 수많은 양반들은 점점 세력을 잃으며 가난해졌다. 그런 양반들 중에는 먹고살기 위해 서당을 열고 훈장이 되어 아이들을 가르치는 사람도 있었다. 이제 서당은 돈만 있으면 다닐 수 있었기 때문에 양반뿐만 아니라 살림에 여유가 있는 평민 가정의 아이들도 서당에 다니며 글을 배웠다.

가난해진 양반들은 체면을 버리고 남의 땅을 빌려 농사를 짓기도 하고, 돗자리를 짜서 팔기도 했다. 그러나 끼니를 잇지 못할 정도로 가난하게 살면서도 체면 때문에 글공부만 하는 양반도 있었다. 이런 집에서는 부인이 일을 해서 먹고살았다. 물레를 돌려 실을 뽑고, 베틀로 옷감을 짜서 팔기도 했다. 부잣집에서 바느질거리를 얻어다가 삯바느질을 하기도 했다.

김홍도의 작품 『단원 풍속도첩』에 실려 있는 〈서당〉 조선 시대 서당은 초등 교육 기관으로, 주로 양반 남자아이들이 다녔다. 그러나 조선 후기로 오면서는 살림살이가 넉넉한 평민 가정의 아이들도 서당에 다녔다.

김홍도의 작품 『단원 풍속도첩』에 실려 있는 〈자리 짜기〉 탕건을 쓰고 자리를 짜는 아버지와 물레를 돌려 실을 뽑는 어머니의 뒤에서 아들이 글공부를 하고 있다. 평범한 평민 가정의 모습일까? 살림살이가 어려워진 양반 가정의 모습일까?

그림으로 엿보는 옛 사람들의 생각과 삶

살림살이에 여유가 생기자 평민들도 그림에 관심을 갖기 시작했고, 사람들은 자신의 꿈과 소원이 담긴 그림으로 집 안을 장식했다. 누가 그렸는지는 알 수 없지만 사람들이 바라는 것을 해, 달, 동물, 식물 등으로 소박하게 표현한 그림을 민화라고 한다.

■ 사람들은 행복하게 오래 살기를 바라는 마음을 담아, 오래 사는 열 가지를 그린 〈십장생도〉를 병풍으로 만들어 집에 두었다. 오래 사는 열 가지는 무엇일까? 병풍에서 나머지 다섯 가지를 찾아 빈 곳에 써 보자.

	구름		돌	
		거북	물	불로초(영지)

자수십장생도 병풍

■ 덕구 아버지가 장에서 산 그림은 무엇일까?

〈작호도〉 호랑이는 가뭄이나 홍수, 전염병 같은 재앙을 막아 주는 동물로 여겼고, 까치는 좋은 소식을 가져다주는 동물로 여겼다.

〈어해도〉 물고기는 아이를 많이 낳는 것, 자식의 출세 등을 의미한다.

〈모란도〉 화려한 모란은 재산이 많아지고 지위가 높아지는 것을 의미한다.

우리 덕구가 열심히 글공부하여 훌륭한 사람이 되고, 덕구 동생이 빨리 태어났으면 싶어서 이걸 샀지.

■ 우리 집에는 어떤 그림을 걸면 좋을까? 그 이유도 함께 써 보자.

암행어사 정약용은 장터에서 무엇을 보았을까?
최제우는 어떤 세상을 만들고 싶었을까?
진주 농민들은 왜 봉기했을까?

조선 사람들, 새로운 세상을 꿈꾸다

암행어사 정약용은
장터에서 무엇을 보았을까?

  낡아 빠진 도포 차림의 선비가 경기도의 한 장터에 나타났다. 정조 임금이 암행어사로 임명한 정약용이었다.
  암행어사의 임무는 몰래 각 지방을 돌아다니며 지방 수령들의 잘잘못을 조사하고, 백성들의 고통을 찾아내 임금에게 보고하는 것이었다. 신분을 들키지 않으면서 지방 수령이 한 나쁜 짓을 알아내기에는 장터만 한 곳이 없었다.

마패의 앞면과 뒷면 나랏일로 여행하는 관리들이 역에서 말을 이용할 수 있도록 나라에서 발급해 준 증표이다. 암행어사도 마패를 지니고 다녔다. 마패에는 이용할 수 있는 말의 마릿수가 그려져 있다.

"나쁜 사또 놈! 흉년이라 임금께서도 세금을 적게 거두라고 하셨다는데, 오히려 전보다 더 내라고 닦달하는군."

"당장 먹을 것도 없는데 세금이라니……."

마을마다 세금을 낼 수 없어 도망치는 사람들과 먹을 것이 없어 배를 곯는 사람들이 헤아릴 수 없이 많았다. 흉년이 들고 전염병까지 돌면 백성들의 고통은 몇 곱절로 늘어났다. 전국으로 암행어사가 다니며 부패한 지방 수령을 벌주어도 백성들의 어려움은 쉽게 나아지지 않았다.

얼마 뒤 정조 임금이 세상을 떠났다. 정약용도 모함을 받아 벼슬에서 쫓겨나 먼 곳으로 귀양을 갔다. 그 뒤로 수십 년이 흐르는 동안 몇몇 권세 있는 양반 가문이 벼슬자리를 독차지하고 자기들 마음대로 정치를 했다. 벼슬아치들의 부정부패는 날이 갈수록 심해졌다.

"갓 태어난 아들과 죽은 아버지 몫의 군포를 내라니! 어찌 이럴 수가 있나?"

"가난하고 힘없는 사람들에게 온갖 짐을 떠넘기는 세상이 언제 끝날까?"

많은 사람들이 이제는 세상이 달라져야 한다고 생각했다.

최제우는 어떤 세상을 만들고 싶었을까?

경상도 경주에 최제우라는 선비가 살았다. 그는 총명함이 남달랐으나 몰락한 양반 가문의 가난한 형편 탓에 일찌감치 벼슬길에 나갈 뜻을 접었다. 최제우는 옷감을 팔러 전국의 장터를 떠돌기도 했고, 서당을 열기도 했으며, 점치고 병 고치는 일도 했다.

최제우는 전국을 떠돌며 다양한 사람들을 만났다. 그러는 동안 혼란한 세상을 대신할 새로운 세상이 열려야 한다고 생각하게 되었다. 양반, 평민, 천민과 같은 신분이 없는 세상, 여자라서 더 많은 차별과 고통을 당하지 않는 세상 말이다. 당시 여자들은 농사일과 집안일을 모두 챙기며 몹시 힘들게 살았다. 교육을 받지도 못하고, 자기 뜻대로 살지도 못하며, 모든 일에서 남자들에게 억눌려 지냈다. 신분이 낮은 여자들의 삶은 훨씬 더 비참했다.

최제우는 기도를 하다가 한울님을 만났다고 하면서 한울님의 가르침에 '동학'이라는 이름을 붙였다. 그리고 동학을 전파하는 데 몸과 마음을 바쳤다.

"사람이 곧 하늘이니, 사람을 하늘처럼 귀하게 여겨야 합니다. 모든 사람은 귀하고 평등합니다."

"남편은 아내를 높이 받들어야 합니다."

"어린아이를 때리는 것은 한울님의 뜻을 어기는 것입니다."

최제우 나무 최제우가 갇혔던 감옥이 있던 자리(지금의 대구 종로초등학교)에 있는 400년 된 나무이다. 최제우의 감옥 생활을 지켜보았을 것이라고 하여 최제우 나무라고 부른다.

최제우는 자기가 소유하고 있던 여자 노비 두 사람의 노비 문서를 없애고 한 사람은 며느리로, 또 한 사람은 수양딸로 삼아 가르침을 실천하는 데 모범을 보였다. 새로운 세상을 꿈꾸는 사람들은 동학을 전하는 최제우 곁으로 점점 모여들었다.

양반과 관리들에게 최제우는 아주 위험한 인물이었다. 신분을 없애자는 주장도 거슬렸고, 새로운 세상이 올 것이라는 말도 불안감을 키웠다. 무엇보다 나라에 불만을 가진 사람들이 최제우 곁으로 모여드는 것을 그냥 두고 볼 수는 없었다. 그래서 '세상을 어지럽힌다.'는 죄로 최제우를 잡아 가둔 후 죽였다.

죽은 최제우의 머리는 길가에 사흘 동안이나 매달려 있었다. 동학을 따르면 최제우처럼 된다는 무시무시한 협박이었다. 하지만 동학은 점점 더 퍼져 나가며 평등한 세상을 꿈꾸는 사람들에게 새로운 희망을 심어 주었다.

최제우는 모든 차별이 없어진 _____한 세상을 꿈꾸었다.

진주 농민들은 왜 봉기했을까?

"이대로 당하고만 있을 거요? 못된 수령과 향리들이 내라고 하는 세금을 다 내다가는 골병들어 죽든지 굶어 죽든지 할 것이오."

머리에 흰 수건을 동여맨 농민 수백 명이 경상도 진주 근처 덕산 장터로 몰려들었다. 비슷한 시간, 진주 서쪽의 수곡 장터에도 농민들이 몰려들었다. 장터에 모인 사람들은 몹시 화가 나 있었다.

"관리들이 잘못해서 손해난 것까지 우리에게 떠넘기다니!"

"도망친 이웃과 태어난 지 얼마 되지도 않은 아이 몫의 군포도 모자라 10년 전에 죽은 아버지 군포까지 내라니!"

"우리 뼛속까지 갉아먹는 저 썩은 무리들에게 본때를 보여 줍시다."

참다못한 농민들은 행동에 나서기로 했다. 그동안 관아에 여러 번 하소연도 하고, 부당함을 알리는 글도 전했지만 아무 소용도 없었기 때문이다.

성난 농민들은 수령이 있는 진주성으로 쳐들어갔다. 가는 길에 평소 자기들을 부려 먹으며 못살게 괴롭히던 양반들과 못된 부자들을 공격했다. 함부로 세금을 거둬 자기 이익만 차리던 고을 아전들의 집도 부수었다. 농민들의 봉기에 깜짝 놀란 진주성의 수령은 잘못된 세금을 더 이상 걷지 않겠다고 약속하였다. 약속을 받아 낸 농민들은 관아를 무너뜨리고 진주성에서 물러갔다.

농민들을 괴롭히는 부패한 벼슬아치는 조선 팔도 어디에나 있었다. 진주에서 봉기가 일어나자, 마치 기다렸다는 듯이 전국 각지에서 봉기가 줄지어 일어났다. 농민들은 부패한 관리들의 횡포를 고발하고 세금 제도를 고칠 것을 요구했다. 못된 사또를 묶어 고을 밖으로 쫓아내기도 하고, 세금 장부를 빼앗기도 하면서 잘못된 제도를 고치라는 농민들의 요구는 끊이지 않고 이어졌다.

전국으로 번진 농민 봉기 진주에서 농민들이 봉기하자 전국 70여 개 지역에서 농민들이 연이어 봉기했다. 봉기란 벌 떼처럼 떼 지어 세차게 일어나는 것을 말한다.

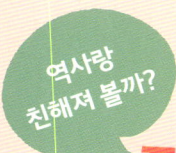

평민에게서 배운 정약전

정약전은 정약용의 형이다. 그는 양반이었지만 평소 신분을 가리지 않고 사람들을 귀하게 대했다. 정약전은 천주교를 믿었다는 죄로 흑산도로 귀양을 갔는데, 그곳에 있는 동안 평민 장덕순과 문순득에게 많은 것을 듣고 배웠다. 그리고 배운 것을 글로 써서 책으로 남겼다.

■ 정약전은 틈만 나면 바다에 나가 소년 어부 장덕순이 알려 주는 바다 생물을 자세히 관찰했다. 그리고 흑산도의 바다 생물 100여 가지를 꼼꼼하게 기록하여 『자산어보』라는 책을 썼다. 다음은 정약전이 『자산어보』에 기록한 바다 생물이다. 무엇인지 알아맞혀 보자.

머리는 둥글고, 머리 밑에 여덟 개의 긴 다리가 있다. 다리 밑 한쪽에는 국화꽃 모양의 둥근 꽃무늬가 두 줄로 늘어서 있다. 이것으로 물체에 달라붙는데, 일단 달라붙고 나면 그 몸이 끊어져도 떨어지지 않는다.

넙치

생김새는 오랫동안 설사병을 앓은 사람의 항문이 밖으로 빠져 버린 것 같고, 빛깔은 검푸르다. 바닷물이 닿는 곳의 돌 틈에 산다. 모양은 둥글고 길쭉하게 생겼고, 다른 물체가 닿으면 조그맣게 오므라든다.

말미잘

몸은 넓고 엷으며 두 눈이 몸의 왼쪽에 치우쳐 있다. 배 안에 알이 들어 있는 두 개의 주머니는 가슴에서부터 등뼈 사이를 따라 꼬리까지 이어져 있다. 등은 검고 배는 희며, 맛은 달고 진하다.

문어

■ 어부 문순득은 배를 타고 바다에 나갔다가 파도에 휩쓸려 여러 나라를 돌아다니다가 돌아왔다. 그 이야기를 정약전에게 들려주었다. 정약전은 문순득을 통해 알게 된 외국 사정을 글로 써 『표해시말』이라는 책을 남겼다. 다음 이야기를 읽으며 문순득이 다녀온 곳을 지도에서 찾아 ○ 해 보자.

 "어제까지는 유구국(지금의 일본 오키나와)에 표류한 이야기를 했는데, 그다음은 어떻게 되었나?"

 "9개월의 유구 생활을 정리하고 고향으로 돌아오기 위해 다시 배를 탔지요. 그런데 또 큰 파도를 만나 10여 일을 떠다니다가 겨우 여송국(지금의 필리핀)에 닿았습니다."

 "어휴, 정말 큰일 날뻔했네. 그래서 어떻게 되었나?"

 "여송에서 9개월 넘게 지냈죠. 그 나라의 쉬운 말도 조금 배우고, 노끈을 꼬아서 팔기도 했어요. 그 뒤 중국의 광동 오문(지금의 마카오)으로 가서 90일가량 머물렀습니다. 그곳에서 조선으로 오기 위해 중국 땅을 가로지르는 데만 1년 2개월 이상이 걸렸습니다. 겨우겨우 조선으로 돌아온 거죠."

서양인의 눈에 비친 조선의 모습은 어땠을까?
달리는 쇳덩어리, 저것이 무엇인고?
최초의 국비 유학생, 유길준의 꿈은 무엇이었을까?
서양 문물을 받아들인 조선은 어떻게 달라졌을까?

서양을 만난
조선 사람들

서양인의 눈에 비친 조선의 모습은 어땠을까?

영국 해군의 의사였던 존 맥레오드는 군함 알세스트호를 타고 아시아 남쪽 바다에 왔다가 조선에도 다녀갔다. 그 뒤 맥레오드는 『알세스트호 항해기』를 펴냈는데, 이 항해기에 조선에서 보고 느낀 점과 조선 사람들의 모습을 그린 그림을 넣었다.

맥레오드 말고도 영국, 프랑스, 독일 등 서양의 여러 나라 사람들이 조선에

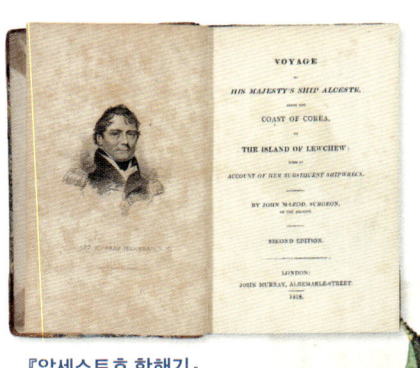

『알세스트호 항해기』
조선의 이모저모를 알 수 있는 다양한 내용이 담겨 있다.

『알세스트호 항해기』에 실린 조선 사람들의 모습 조선 사람들을 서양인처럼 표현했다. 서양인의 눈에는 양반의 갓과 도포, 긴 담뱃대가 매우 인상적이었던 것 같다. 그림의 제목은 '조선의 관리와 수행원들'이다.

영국 해군 장교를 살펴보는 조선 사람들 어른들은 군인의 총과 가죽신을 신기하게 살피고 있고, 아이는 처음 보는 서양인이 두려운지 아버지 뒤에 숨어서 보고 있다. 1887년 11월 26일 자의 영국의 주간지 『런던화보뉴스』에 실린 그림이다.

다녀갔다. 그중에는 여행가와 상인도 있었고 기자와 선교사도 있었다. 서양인들의 눈에 비친 조선은 모자 왕국이었다. 그래서 그들은 "조선 사람들은 신분에 따라 갖가지 모자를 쓰기 때문에 모자만 보고도 그 사람이 어떤 사람인지 알 수 있다."라고 말하기도 했다.

서양의 여러 나라들은 조선 정부에 자기네 나라와 외교 관계를 맺고 무역을 하자고 요구했다. 이웃 나라 중국과 일본은 조선보다 한발 앞서 서양 여러 나라와 외교 관계를 맺고 무역을 했다. 그러면서 증기선, 기차, 자동차, 전차, 전기 등과 같은 서양 문물도 함께 받아들였다.

처음에 조선은 서양과 외교 관계를 맺지 않으려 했지만, 결국에는 외교 관계를 맺고 갖가지 서양 문물을 받아들였다. 그 속에서 조선에도 변화의 바람이 불기 시작했다.

달리는 쇳덩어리, 저것이 무엇인고?

일본 요코하마에 도착한 수신사 일행 1876년에 김기수를 비롯한 76명이 2개월 동안 달라진 일본의 문물과 제도를 살피고 돌아왔다. 영국의 한 신문에 실린 그림이다.

서양의 나라들과 외교 관계를 맺는 문제를 놓고 '서양 오랑캐와 외교를 하면 나라가 망한다.'는 의견과 '더 늦기 전에 나라의 문을 열고 서양 문물을 받아들여야 한다.'는 의견으로 갈려 팽팽히 맞섰다.

조선 정부는 고민 끝에 서양과 외교 관계를 맺기로 했다. 이에 앞서 일본과도 새로운 외교 관계를 맺었다. 무역 조건도 조선에게 불리하고, 일본인이 조선에서 죄를 지어도 조선 정부가 벌을 줄 수 없는 등 평등하지 않은 내용이었지만, 나라의 문을 닫아걸고 있을 수만은 없었다.

일본과 외교 관계를 맺은 조선 정부는 외교 사절로 수신사를 보냈다. 수신사로 일본에 간 김기수와 관리들은 일본의 변화하는 모습에 크게 놀랐는데, 특히 기차를 보고 벌어진 입을 다물지 못했다. 집채만 한 쇳덩어리가 말보다 빠르게 달리는 것이 아닌가? 김기수는 기차를 처음 보았을 때의 충격을 다음과 같이 표현했다.

수신사 김기수는 일본에서 '달리는 쇳덩어리' ＿＿＿＿＿(을)를 보고 깜짝 놀랐다.

기차를 탔는데 편안하고 덜컹거리지 않았다. 창밖으로 나무와 집, 그리고 사람들이 보이기는 하지만 앞에서 번쩍, 뒤에서 번쩍하여 제대로 보기가 어려웠다. 요코하마에서 출발하여 눈 깜짝할 사이에 신바시에 도착하였는데, 그 거리가 40킬로미터나 된다고 하였다.

몇 년 뒤, 수십 명의 조선 관리들이 조사 시찰단으로 일본에 갔다. 그들은 나가사키, 오사카, 요코하마, 도쿄 등을 다니면서 일본의 모습을 찬찬히 살폈다. 일본은 빠르게 달라지고 있었다. 큰 도시들은 철도로 연결되었고, 도시 안에서는 전차가 달렸다. 상점과 사람들로 가득한 도시는 가로등 덕분에 한밤중에도 대낮처럼 밝았다. 관리들은 일본의 관청과 정치 제도, 각종 문물과 시설에 대한 것을 보고서로 만들어 왕에게 올렸다.

조선의 젊은 관리와 지식인 중에는 서양 문물과 기술을 받아들이고, 오래된 제도들을 새롭게 고쳐서 나라를 발전시켜야 한다고 생각하는 사람들이 점점 많아졌다.

1800년대 후반, 일본의 요코하마 항구를 그린 그림 당시 일본에서 운행되었던 배와 증기 기차가 보인다.

최초의 국비 유학생, 유길준의 꿈은 무엇이었을까?

일본에 갔던 조사 시찰단 중에 스물여섯 살 청년 유길준이 있었다. 그는 조선 최초의 국비 유학생으로, 나라의 지원을 받으며 일본과 미국에서 공부하였다. 그가 무엇을 배웠는지, 무엇을 느꼈는지 그의 이야기를 들어 보자.

조사 시찰단을 따라 일본에 간 경험은 내 인생을 바꿔 놓는 계기가 되었어. 일본이 빠르게 발전할 수 있었던 이유가 궁금했던 나는 일본에 4개월 동안 머물면서 무기 공장, 군대, 도서관, 박물관 등을 방문했어. 하지만 궁금증을 풀지는 못했어. 그래서 일본에 남아 '게이오 의숙'이라는 학교에서 공부를 했단다.

나는 조선이 발전하려면 가장 먼저 신문을 발행해야 한다고 생각했어. 나라 안팎에서 벌어지는 일은 물론이고, 새로운 지식과 정보를 빠르게 알려서 사람들의 생각을 일깨워야 한다고 생각했거든. 그래서 조선으로 돌아온 뒤 정부가 『한성순보』를 발행하는 데 힘을 보탰어.

얼마 뒤 나는 미국에 가게 되었어. 조선이 미국과 외교 관계를 맺고 보빙사를 외교 사절로 보냈는데,

『한성순보』 열흘에 한 번씩, 한문으로 발간된 우리나라 최초의 신문이다. 외국 신문 기사를 번역해 싣기도 하고, 군사와 국방, 민주주의와 의회 제도 등을 다루기도 했다.

보빙사 일행 1883년에 미국으로 간 보빙사 일행의 모습이다. 동그라미로 표시한 사람이 유길준이다.

내가 일본어와 영어를 잘해서 보빙사의 수행원으로 뽑혔거든. 우리는 40일 동안 박람회장, 공장, 정부 기관 등을 둘러봤어. 미국의 전기 회사를 방문했을 때는 전기가 얼마나 편리한 것인지를 알게 되었어. 그래서 조선도 빨리 전기를 사용하면 좋겠다고 생각했지.

나는 미국을 떠나 유럽으로 건너갔어. 약 1년 동안 여러 나라를 두루 돌아보고 싱가포르, 홍콩 등을 거쳐 조선으로 돌아왔지. 미국을 비롯해 유럽 여러 나라를 다니면서 보고 느낀 게 많은데, 그중에서도 서양식 학교 교육이 아주 인상적이었어. 그 나라들의 학생들은 수업 시간에 자신의 의견을 스스럼없이 발표하고, 자유롭게 토론했어. 우리도 하루빨리 새로운 학교를 세워서 그런 교육을 시켜 인재를 길러야 한다고 생각했어.

유길준은 일본 유학에서 돌아와 _____(이)라는 신문을 발행하는 데 힘을 보탰다.

서양 문물을 받아들인 조선은 어떻게 달라졌을까?

달라진 서울 거리 1890년대 서울 종로의 모습(위)과 1900년대 서울 종로의 모습(아래)이다.

서울의 종로 거리는 하루가 다르게 달라져 갔다. 길가의 초가집들이 하나둘씩 사라지고 신식 지붕을 얹은 벽돌집들이 들어섰다. 우리나라 최초의 전기 회사인 '한성전기회사'가 서울에 생기면서 경복궁에 전깃불이 들어왔고, 전차도 개통되었다. 전차가 다닐 수 있도록 길을 넓혔고, 길에는 전깃줄을 매단 전봇대들을 가로수처럼 줄지어 세웠다.

미끄러지듯 빠르게 움직이는 전차는 인기 좋은 구경거리였다. 전차를 처음 본 사람들은 말이나 노새가 끌지 않는데도 수레가 저절로 움직인다며 신기해했다. 소문을 듣고 시골에서 전차를 구경하러 온 사람들, 장사를 잠시 접고 전차를 타러 온 사람들이 몰려들었다. 오랜 시간을 기다려 전차에 한 번 올라타면 종점까지 내리지 않는 사람도 있었고, 일은 하지 않고 날마다 전차만 타는 사람도 있었다.

그러나 전차가 모든 사람에게 인기가 있었던 것은 아니다. 어린아이가 전차에 치여 죽는 사고가 발생하자 성난 사람들이 전차를 불태우기도 했고, 전차 때문에 일거리가 줄어든 인력거꾼들은 전차가 가뭄을 일으킨다는 거짓 소문을 퍼뜨리며 전차 운행을 방해하기도 했다.

거리에는 낯선 물건을 파는 상점도 하나둘씩 들어섰다. 그중에 사진관은 인기가 최고였다. 사진관이 처음 생겼을 때는 '사진을 찍으면 혼이 빠져나간다.'거나 '부부가 사진을 찍으면 이별을 한다.'거나 '가운데 박힌 둥근 것은 아이들 눈알로 만든 것이다.'라는 괴상한 소문 때문에 사람들이 사진관에 잘 가지 않았다. 그러나 초상화를 그리는 것보다 값이 싸고 완성하는 시간도 짧게 걸려서 사진을 찍는 사람들이 점차 늘어났다.

서양에서 들여온 '양탕국'이라는 차를 즐기는 사람들도 생겼다. 그 맛과 빛깔이 한약과 비슷하다고 하여 붙여진 이름인데, 이 차는 지금의 커피이다.

조선 말기의 가족사진

하나 둘 셋 하면 김치 하세요!

이것은 무엇일까?

새로운 문물이 조선에 점점 더 많이 들어오자, 처음에는 '서양 귀신 씐 물건'이라며 눈길조차 주지 않던 사람들도 서양 문물의 편리한 점을 받아들이고 이용하게 되었다.

■ 다음에서 설명하는 것은 무엇일까? 빈 곳에 이름을 쓰고, 알맞은 사진을 찾아 선으로 이어 보자.

_____

- 장점: 깜깜한 밤에 산책도 하고 장사도 할 수 있었음.
- 별명: 건달불(건들건들 자꾸 켜졌다 꺼졌다 해서)
- 발전기 돌리는 소리가 너무 시끄러웠음. 담배에 불을 붙이겠다고 이것에 담뱃대를 갖다 대는 사람도 많았음.

_____

- 장점: 골목 구석구석을 빠르게 다닐 수 있었음.
- 별명: 안경차(바퀴가 안경 같아서)
- 부러움을 사기도 했지만 축지법을 써서 동에 번쩍, 서에 번쩍한다고 오해를 사기도 했음.

- 장점: 서울 안에서 빠르게 이동할 수 있었음.
- 별명: 쇠 당나귀
- 정거장이 따로 없고 손을 흔들면 그 자리에서 탈 수 있었음. 이것만 타다가 재산을 다 써 버린 사람도 있었음.

- 장점: 멀리 떨어져 있는 사람과 이야기를 나눌 수 있었음.
- 별명: 덕률풍(영어 이름 텔레폰을 한자음으로 부른 것)
- 전화선이 사람 목소리뿐만 아니라 물건도 전해 준다고 믿고 전화기에 물건을 매달아 놓는 경우도 있었음.

- 장점: 서울에서 인천을 하루 만에 다녀올 수 있었음.
- 별명: 화차 또는 화륜차(불을 때서 가는 차라서)
- 정해진 시간에 출발했기에 꾸물거리다 이것을 놓치는 사람이 많았음. 그러나 사람들에게 정확한 시간 개념을 심어 주는 효과도 있었음.

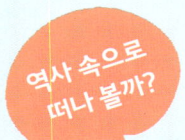
역사 속으로 떠나 볼까?

우리나라 최초의 철도가 놓인 인천으로!

1899년 9월, 서울과 인천 사이에 우리나라 최초의 철도가 개통되었다. 인천은 옛날에 제물포라는 항구였는데, 배를 타고 항구에 도착한 사람과 물건이 서울까지 빠르게 이동할 수 있도록 인천에 가장 먼저 철도를 놓았다. 인천광역시를 찾아가 보자.

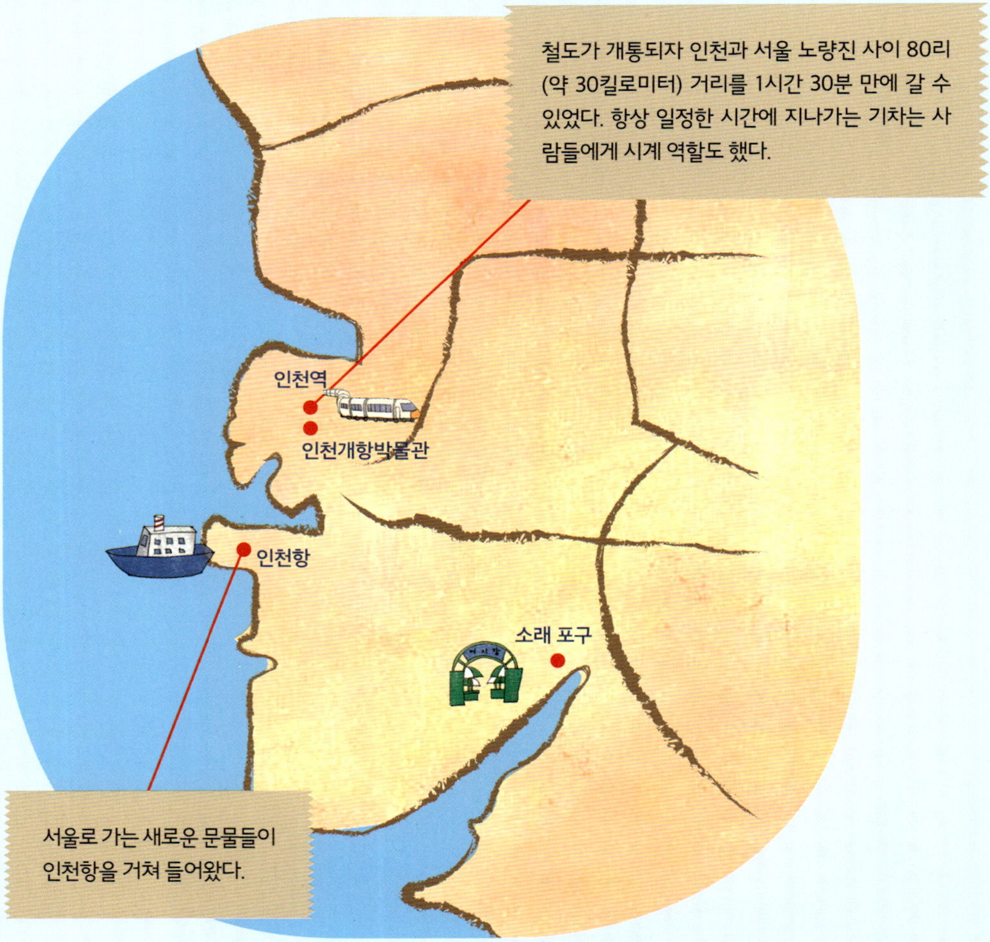

철도가 개통되자 인천과 서울 노량진 사이 80리(약 30킬로미터) 거리를 1시간 30분 만에 갈 수 있었다. 항상 일정한 시간에 지나가는 기차는 사람들에게 시계 역할도 했다.

인천역
인천개항박물관
인천항
소래 포구

서울로 가는 새로운 문물들이 인천항을 거쳐 들어왔다.

인천역

- 사진과 같은 기차 모형을 찾아 그 옆에서 사진을 찍어 보자.
- 1899년에 인천에서 출발했던 철도의 이름과 기차의 도착역을 알아보자.
- 걸어서 12시간이 걸리던 거리를 기차로 1시간 30분 만에 가게 되었을 때, 일어날 수 있는 여러 가지 일을 상상해 보자.

인천개항박물관

- 옛날 인천역과 인천항의 모습을 살펴보자.

소래 포구

- 철도 개통 당시의 철길은 아니지만 1937년에 만들어진 철길이 아직 남아 있는 곳, 소래 포구를 찾아 소래 철교를 걸어 보자.

신분 제도는 언제 없어졌을까?
농민군 김개남이 집강소에서 한 일은 무엇일까?
신분이 없어진 세상에서는 무엇이 달라졌을까?
소학교에서는 무엇을 배웠을까?

새로운
조선을 향해
한 발 앞으로

신분 제도는 언제 없어졌을까?

1894년 여름 어느 날, 신분 제도를 없애고 낡은 제도를 고친다는 소식에 사람들은 크게 놀랐다. 조선 정부는 왜 이런 발표를 하게 되었을까?

몇 달 전 봄, 전라도 고부에서 수천 명의 농민군이 봉기했다. 농민군은 최제우가 처음 만든 동학의 가르침을 따르는 사람들이었다. 농민군의 지도자였던 전봉준, 김개남 등도 동학을 믿고 따랐다.

"일본인과 서양인을 내쫓을 의병을 일으키자!"
"나라를 바로 세워 백성의 삶을 평안하게 하자!"

 이 무렵 일본과 중국 상인뿐만 아니라 서양 상인들까지 조선에 들어와 무역을 한답시고 쌀이며 금이며 소가죽을 싼값으로 마구 가져갔다. 여기에 부정부패한 지방 수령들의 포악한 정치까지 더해져 조선 농민들의 삶은 갈수록 힘들어져 갔다. 힘겨운 삶을 견디다 못한 농민들은 들고일어났다. 농민군은 목숨을 걸고 정부군과 전투를 벌여 부패한 수령을 내쫓고 전라도 여러 지역을 점령했다. 전라도의 중심지 전주가 농민군의 손에 들어가자 크게 놀란 정부는 관리를 보내 전주성에서 농민군 대표 전봉준과 만나도록 했다.
 조선 정부는 농민군이 요구하는 대로 개혁을 추진하여 잘못된 정치와 제도를 바로잡기로 약속했다. 그리고 농민군들은 자기 마을로 돌아가 정부가 추진하는 개혁에 협조하기로 했다. 그해 여름, 정부는 농민군의 요구에 따라 신분 제도를 없애고 낡은 제도를 고친다고 발표하였다.

무명동학농민군위령탑
이름 없이 죽어 간 농민군들의 영혼을 위로하기 위해 세운 탑이다. 당시 농민군의 함성이 가장 크게 터져 나왔던 전라북도 정읍시 고부면 신중리에 있다.

농민군 김개남이
집강소에서 한 일은 무엇일까?

전주성에서 개혁을 약속받은 농민군은 각자의 마을로 돌아왔다. 그러고는 낡고 잘못된 제도를 바로잡기 위해 집강소를 설치했다. 농민군의 지도자였던 김개남도 농민군 부대를 이끌고 남원으로 내려와 집강소에서 일했다.

집강소에는 신분 때문에 억울한 일을 당한 사람들이 많이 찾아왔다. 나라에서는 신분 제도를 없앴지만 오랜 세월 동안 굳어진 사람들의 생각은 쉽게 바뀌지 않았기 때문이다. 이웃에 사는 양반에게 억울하게 재산을 빼앗긴 노비,

집강소의 모습을 상상하여 그린 그림 농민들 스스로 운영했던 집강소에서는 관리들의 부정을 감시하고, 백성들의 억울함을 해결해 주는 일을 했다.

전봉준과 김개남 농민군의 지도자였던 전봉준(왼쪽)과 김개남(오른쪽)은 봉기가 실패로 돌아간 뒤 다시 봉기할 것을 꿈꾸며 숨어 지냈다. 그러나 전봉준은 옛 부하의 고발로, 김개남은 옛 친구의 고발로 체포되어 처형되고 말았다.

길을 가다가 나이 어린 양반 도령에게 고개 숙여 인사를 하지 않았다는 이유로 두들겨 맞은 노비 등이 집강소에 찾아와 억울함을 호소했다.

가난한 농민들도 집강소를 찾아왔다. 땅 주인이 추수한 곡식을 절반도 넘게 가져가고, 주인이 내야 하는 세금도 대신 내라고 해서 살기가 너무 어렵다고 하소연했다. 집강소에서는 사람들의 사연을 들은 후에 잘잘못을 따져 바로잡고, 다시는 그런 일이 일어나지 않도록 힘썼다.

과거에 당했던 억울한 일로 양반들에게 복수를 하려고 집강소 활동을 하는 사람들도 있었다. 그런 이유로 집강소의 활동과 개혁에 곱지 않은 눈길을 보내는 사람들도 있었지만, 농민들은 집강소 활동을 통해 개혁을 추진해 나갔다.

그러나 집강소는 두 달 남짓 운영되는 데 그쳤다. 지난 봄 농민군이 봉기했을 때 조선 정부를 돕는다는 구실로 파견된 일본군이 조선 땅에서 청과 전쟁을 일으키자, 농민군이 일본을 물리치기 위해 다시 봉기했기 때문이다. 농민군은 일본군에 맞서 치열하게 싸웠지만 승리하지 못했다. 겨울이 될 무렵 지도자 전봉준과 김개남은 체포되어 얼마 뒤 사형을 당했다.

김개남은 _____ 에서 사람들의 억울함을 듣고 처리해 주었다.

신분이 없어진 세상에서는
무엇이 달라졌을까?

1898년, 아들의 이야기

내 이름은 박서양이다. 지금은 제중원에서 허드렛일을 하고 있다. 내가 이곳에 오게 된 것은 아버지 때문이다. 아버지는 5년 전에 전염병에 걸려 돌아가실 뻔했다. 나와 어머니가 한약방에 가서 아버지를 살려 달라고 애원했지만 아무도 도와주지 않았다. 아버지의 신분 때문이었다. 소, 돼지를 잡는 천한 백정의 병을 고쳐 주기 싫다는 것이었다.

박서양

그러나 서양 의사, 에비슨 아저씨는 달랐다. 우리 집에 직접 와서 아버지를 정성껏 치료해 주었다. 일주일이 지나자 아버지의 병이 다 나았고, 우리 가족은 아저씨에게 감사 인사를 하였다. 이 일로 아버지는 에비슨 아저씨와 친해져 아저씨가 다니는 교회에 다닌다.

에비슨 아저씨는 조선 최초의 서양식 병원인 제중원에서 근무하는 의사이다. 아저씨는 의사이기도 하지만 기독교를 전파하는 선교사이기도 하다. 아저씨와 같이 조선에 선교사로 온 서양 의사들은 신분을 차별하지 않고 환자를 돌보고, 가난해서 병원에 갈 수 없는 사람들을 찾아가 치료해 주곤 한다. 이런 모습에 크게 감동한 아버지는 에비슨 아저씨에게 나를 데려가 교육시켜 달라고 부탁했다.

나도 아저씨 같은 의사가 되고 싶다.

에비슨과 박서양 세브란스 병원에서 에비슨(오른쪽)과 박서양(가운데)이 함께 수술하는 모습이다. 박서양은 세브란스 의학교 제1회 졸업생으로, 우리나라 최초의 의사 일곱 명 가운데 한 명이다.

1898년, 아버지의 이야기

내 이름은 박성춘, 직업은 백정이다. 나는 오늘 종로에서 열린 만민 공동회에서 연설을 했다. 만민 공동회에서는 나무꾼, 어린아이, 부녀자, 기생, 쌀장수 등 신분이나 직업, 나이에 상관없이 나라를 걱정하는 사람들이 모여 자신의 생각을 자유롭게 이야기한다.

수많은 사람들 앞에서 나는 떨리는 마음으로 연설을 시작했다.

"나는 우리나라에서 가장 천대받는 사람 중에 하나입니다. 아무것도 모르는 사람이지만, 지금은 모든 백성이 마음을 합쳐 나라에 도움이 되고 백성을 편하게 할 방법을 찾아야 할 때라고 생각합니다."

사람들이 내 연설에 우레와 같은 박수를 쳤다.

얼마 전까지만 해도 조선에서 가장 무시당하던 내가 많은 사람들 앞에서 당당하게 연설을 하고, 박수를 받다니……

감격의 눈물이 핑 돌았다.

소학교에서는 무엇을 배웠을까?

열한 살 소년 장용남도 만민 공동회에서 연설을 했다. 서울 수하동소학교에 다니는 장용남의 연설문은 황성신문에 실려 전국에 알려졌다. 서양식 학교였던 소학교는 지금의 초등학교와 같은 곳으로, 일곱 살부터 입학할 수 있었다. 소학교 생활은 어땠을까? 장용남의 이야기를 들어 보자.

안녕! 나는 수하동소학교에 다니는 장용남이야.

소학교는 서당과는 많이 달라. 훈장님 대신 선생님이 여러 명 있고, 교실에는 책상과 의자가 있어. 학생 수도 서당보다 훨씬 많아. 수업을 시작하거나 마칠 때는 '땡땡땡' 종소리나 '둥둥둥' 북소리가 울린단다.

우리는 소학교에서 국어, 수학, 체조, 지리, 역사 등을 공부하는데, 국어 시간에는 『국민소학독본』을 배워. 이 책에는 세종 대왕, 을지문덕 장군 등 우리나라 역사 이야기도 있고, 아메리카의 발견, 미국의 독립과 같은 다른 나라 역사 이야기도 있어. 또 낙타, 악어, 식물의 변화, 고래잡이 같은 재미난 과학 이야기도 있어. 우리는 여러

소학교용 교과서인 『국민소학독본』 새로운 교육을 실시하기 위해 정부에서 만든 우리나라 최초의 교과서이다.

소학교 운동회의 모습 운동장 가운데서 학생들은 줄다리기를 하고, 교사는 심판을 보고 있다.
운동장 가장자리는 구경 온 마을 주민들로 가득하다.

 과목 가운데 역사와 체조를 아주 중요하게 배워. 선생님들은 우리 역사에 자부심을 갖고 몸이 건강한 학생이 많아져야 우리나라가 강한 나라가 될 수 있다고 늘 말씀하시지.
 학교 행사 중에서 가장 즐겁고 재미있는 행사는 운동회야. 소학교 운동회는 마을 잔치처럼 성대하게 열려. 소학교 몇 개가 함께 모여 열기도 하는데, 이때는 운동회에 참여하는 학생보다 운동회를 보러 온 정부 관리나 마을 주민이 더 많을 정도야.
 운동회의 시작을 알리는 종이 울리면 학생들이 나팔을 불고 북을 치면서 거리를 행진해. 그러고 나서 운동장에 모여 집단 체조를 하지. 학생들 수백 명이 동작을 딱딱 맞춰 체조를 하면 구경하는 사람들이 박수를 쳐 주고 크게 함성을 지른단다.
 운동회에서는 300보 달리기와 600보 달리기, 공이나 대포알 던지기, 멀리뛰기, 높이뛰기 등을 하는데, 가장 인기가 많은 종목은 두 편으로 갈라 승부를 겨루는 줄다리기와 기마전이야. 우리는 운동회를 통해 나라를 지키는 데 필요한 체력도 기르고 단결심도 기른단다.

박성춘과 장용남은 _____ 에서 나라에 충성하고 애국하자는 연설을 했다.

역사랑 친해져 볼까?

국경일은 언제 생겼고, 어떻게 달라졌을까?

조선은 1897년에 나라 이름을 대한 제국으로 바꾸었다. 그리고 국왕도 황제로 높여 부르도록 했다. 바로 이 대한 제국 시기에 '국경일'이 생겼다. 국경일은 나라에 생긴 기쁜 일을 기념하기 위해 나라에서 정한 날이다. 대한 제국의 국경일과 오늘날 대한민국의 국경일에 대해 알아보자.

■ 대한 제국의 국경일과 오늘날 대한민국의 국경일에는 어떤 것이 있을까? 빈 곳을 채워 보자.

대한 제국의 국경일

이름과 날짜	기념 내용
개국 기원절 음력 7월 16일	이성계가 조선을 세운 날을 기념
계천기원절 음력 9월 17일	고종이 황제로 즉위한 날을 기념
만수성절 음력 7월 25일	고종 황제의 생일을 기념
천추경절 음력 2월 8일	황태자 순종의 생일을 기념

오늘날 대한민국의 국경일

이름과 날짜	기념 내용
	단군이 우리나라 최초의 국가 고조선을 세운 것을 기념
	3·1 만세 운동을 기념
	일본에게 빼앗겼던 주권을 되찾은 날을 기념
	우리나라의 헌법을 만들고 공포한 것을 기념

■ 대한 제국의 국경일과 오늘날 대한민국의 국경일 모습이다. 공통점을 찾아 써 보자.

대한 제국 만수 성절 모습

대한민국 삼일절 모습

■ 대한 제국의 국경일과 오늘날 대한민국의 국경일은 어떤 점이 다를까?
  빈 곳에 들어갈 알맞은 말을 써 보자.

대한 제국의 국경일은 주로 _____ 에게 중요한 날을 기념했고,

오늘날 대한민국의 국경일은 _____ 에게 중요한 날을 기념한다.

을사년, 서울에서는 무슨 일이 있었을까?
누가 의병이 되어 일본에 맞섰을까?
싸우지 않고 일본에 맞선 사람들은 어떻게 했을까?
특사 세 사람은 헤이그에 왜 갔을까?

기울어 가는
나라를
지키는 사람들

을사년, 서울에서는 무슨 일이 있었을까?

"일본이 우리의 외교권을 빼앗아 갔답니다!"

신문 파는 아이가 소리를 치며 달려갔다. 누군가 신문을 집어 들고 큰 소리로 읽자, 여기저기에서 사람들이 모여들었다.

저 개, 돼지만도 못한 소위 우리 정부의 대신이라는 자들은 자신의 이익만을 생각하고, 위협에 벌벌 떨면서 나라를 팔아먹는 도적이 되어 4,000년 역사의 강토와 500년 조선의 역사를 일본에 바치고 2,000만의 영혼을 모두 일본의 노예가 되게 하였다…….

을사년(1905년) 11월 20일 자 황성신문에 실린 장지연의 논설이었다. 이틀 전 새벽, 대한 제국 정부의 몇몇 대신들이 일본에게 외교권을 넘겨주는 조약에 서명했다. 일본은 회담 장소를 대포와 군대로 둘러싸고 황제와 대신들을 협박했다. 고종 황제는 이 조약에 끝끝내 도장을 찍지 않았다. 하지만

한일협약도 을사늑약이 강제로 맺어진 것임을 풍자한 신문 만화이다. 일본 군인이 칼로 대한 제국의 황제를 위협하는 모습을 그려 넣었다.

조약에 반대하던 대신들이 회담 장소에서 끌려 나가자, 다섯 명의 대신들이 조약에 서명했다. 이 조약이 바로 을사년에 억지로 맺은 조약, 을사늑약이다.

일본에게 외교권을 빼앗겼다는 것은 일본의 허락 없이는 다른 나라와 외교를 할 수 없다는 의미였다. 이는 나라가 없어진다는 것과 다를 바 없었다. 소식을 들은 사람들은 기가 막혔다. 그래서 너 나 할 것 없이 광화문 앞으로 모여들어 조약은 잘못된 것이라고 외쳤다. 또 을사늑약에 서명한 이완용을 비롯한 다섯 명의 대신을 을사오적이라 부르며 맹렬히 비난했다.

상인들은 장사를 하지 않았고, 학생들은 학교에 가지 않았다. 울분을 이기지 못해 스스로 목숨을 끊는 선비와 관리들이 줄을 이었다. 어둡고 침울한 분위기 속에서 사람들의 분노가 끓어오르고 있었다. 이런 분위기를 두고 훗날 '을사년스럽다', '을씨년스럽다'라는 표현이 생겼다.

누가 의병이 되어 일본에 맞섰을까?

을사늑약을 맺은 뒤에도 일본은 다른 조약을 맺을 것을 강요하며 대한 제국의 정치에 사사건건 간섭하였다. 사람들은 더 이상 보고만 있지 않았다. 일본과 직접 싸워 나라를 지키고자 일어섰다. 이들을 '의병'이라고 부른다.

대한 제국에 와 있던 영국의 신문사 『데일리 메일』의 특파원 매켄지는 일본군과 싸우던 의병 부대를 찾아가 인터뷰를 하고 사진을 찍었다.

여성들도 의병이 되어 일본에 맞서 싸웠다. 강원도에 살았던 윤희순은 의병

매켄지: 당신들은 최근에 언제 전투를 하였습니까?

의병: 오늘 아침에도 전투를 했소. 일본군 네 명을 쏘아 죽였고, 우리는 두 명이 죽고 세 명이 부상을 입었소.

매켄지: 그런데 참 이상하군요. 전투에서 이겼는데 왜 쫓겨 다닙니까?

의병: 일본군은 훈련이 잘 되어 있는 정규군이고, 우리보다 훨씬 우수한 무기를 가졌소. 우리 의병 200명이 일본군 40명과 맞붙어서 진 적도 있소.

매켄지: 일본군을 이길 수 있다고 생각합니까?

의병: 이기기 힘들다는 것을 잘 알고 있소. 우리는 어차피 싸우다 죽게 될 것이오. 그러나 어찌 되든 좋소. 일본의 노예가 되어 사느니 자유민으로 싸우다 죽는 것이 훨씬 낫기 때문이오. 한 가지 부탁을 해도 되겠소?

매켄지: 말씀하십시오.

의병: 우리 의병들은 굉장히 용감하지만 결정적으로 무기가 너무 부족하오. 총은 낡아 쓸모가 없고 화약도 거의 떨어졌소. 당신은 어디든 자유롭게 다닐 수 있으니 우리에게 무기를 좀 사다 주시오. 돈은 달라는 대로 드리겠소.

매켄지가 찍은 의병 사진 군인 출신인 듯 군복 차림인 의병도 있지만, 평범한 옷차림을 하고 있는 의병들이 더 많다. 나이가 어려 보이는 소년도 포함되어 있다.

운동을 하는 시아버지와 남편을 돕고자 30여 명의 마을 여성을 모아 여성 의병대를 조직했다. 이들은 밥과 옷을 짓고, 군대에 보낼 돈을 모으고, 구리와 쇠를 구입해 총알까지 만들면서 의병들을 도왔다. 또 윤희순은 〈안사람 의병가〉를 지어 여성 의병들과 함께 부르기도 했다.

〈안사람 의병가〉

우리나라 의병들은 나라 찾기 힘쓰는데
우리들은 무얼 할까 의병들을 도와주세
내 집 없는 의병대들 뒷바라지하여 보세
우리들도 뭉치면 나라 찾기 운동이요
왜놈들을 잡는 것이니
의복 버선 손질하여 만져 주세
의병들이 오시거든 따뜻하게 만져 주세
우리 조선 아낙네들도 나라 없이 어이 살며
힘을 모아 도와주세 만세 만세 만만세요
우리 의병 만세로다

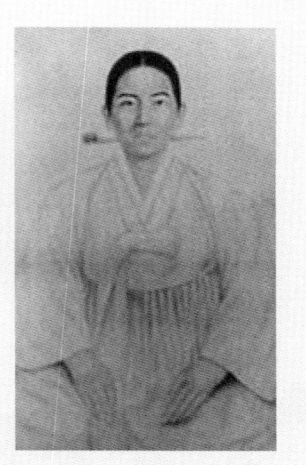

윤희순 초상화

싸우지 않고 일본에 맞선 사람들은 어떻게 했을까?

 의병처럼 총과 칼을 들고 일본에 맞선 사람들도 있었지만, 학교를 세워 인재를 기르고, 회사와 공장을 세워 경제적인 힘을 길러 일본에 맞서려는 사람들도 있었다. 이승훈도 그런 사람 가운데 하나였다. 어렸을 때 몹시 가난했던 이승훈은 이를 악물고 성실하게 일하여 20대 중반의 나이에 놋그릇 공장을 차렸고, 곧이어 무역 회사를 세워 많은 돈을 벌었다.
 어느 날 이승훈은 우연히 안창호의 강연을 듣게 되었다.
 "나라가 날로 기울어 가는데 그저 앉아만 있을 수 있습니까? 나라가 없으면 가족이 있을 수 없고, 민족이 무시당할 때 나 혼자만 편안함을 누릴 수는 없습니다. 물론 총칼을 드는 사람도 있어야겠지요. 하지만 중요한 것은 우리 민족이 깨어나는 것입니다."

이승훈과 오산 학교(위), 안창호와 대성 학교(아래) 민족 학교에서는 수신(도덕), 역사, 지리 등 민족의식을 기르는 과목과 체조, 훈련 등 체력을 기르는 과목, 그리고 영어, 물리, 생물, 천문학 등을 두루 가르쳤다.

안창호의 말에 크게 감동한 이승훈은 나라를 위해 의미 있는 일을 해야겠다고 결심하고, 전 재산을 털어 평안도 정주에 오산 학교를 세웠다. 학교에 필요한 물건도 모두 자신의 돈으로 구입했다. 교육을 통해 사람들을 일깨우고, 민족의 힘을 기르고자 했던 것이다. 그렇게 이승훈은 성공한 사업가에서 독립운동가로 변신했다.

이승훈이 오산 학교를 세울 무렵에 안창호가 대성 학교를, 이용익이 보성 학교를 세웠다. 이런 민족 학교들은 교육을 통해 민족의식을 가진 실력 있는 인재를 길러 일본으로부터 나라의 독립을 이루고자 했다.

특사 세 사람은 헤이그에 왜 갔을까?

③ 러시아 상트페테르부르크에서 이위종 만남

④ 1907년 6월, 네덜란드 헤이그에 도착

② 러시아 블라디보스토크에서 이상설 만남

① 1907년 4월, 이준 서울 출발

특사들의 이동 경로 서울에서 헤이그까지 두 달이 넘게 걸렸던 긴 여정이었다. 특사들이 헤이그에 도착했을 때는 열흘 전에 이미 만국 평화 회의가 시작되어 한창 진행 중이었다.

고종 황제는 을사늑약을 무효로 만들고 잃어버린 외교권을 되찾아야 한다고 생각했다. 그래서 비밀리에 이준, 이상설, 이위종을 불러 임무를 맡겼다. 1907년 네덜란드의 헤이그에서 열리는 만국 평화 회의에 참석하여 을사늑약이 일본의 협박 때문에 맺은 불법적인 조약임을 전 세계에 알리는 임무였다. 만국 평화 회의에는 40여 개 나라의 대표들이 참석할 예정이었다.

이준은 서울을 출발하여 러시아의 블라디보스토크로 향했다. 그곳에서 이상설을 만나, 대륙을 가로질러 상트페테르부르크에서 이위종을 만났다. 마침내 세 사람은 네덜란드의 헤이그로 향했다.

세 사람은 헤이그에 도착하자마자 숙소에 태극기를 내걸었다. 대한 제국의 대표들이 왔음을 알리기 위해서였다. 그리고 대한 제국의 대표로서 외국 관리들을 만났다. 그러나 만국 평화 회의가 열리는 회의장에 들어가지는 못했다. 을사늑약으로 외교권을 빼앗긴 탓에 회의에 참석할 수 없었던 것이다. 특사들은 억울함과 분함을 참으며 외국 신문 기자들을 만나 인터뷰와 연설을 했다. 이위종은 유창한 프랑스어 실력으로 대한 제국이 일본에게 강제로 외교권을 빼앗겼음을 알리고, 여러 나라에게 대한 제국을 도와줄 것을 호소하였다.

이러한 노력에도 불구하고 을사늑약을 무효로 만들지는 못했다. 일본이 특사들의 활동을 끈질기게 방해하였고, 서양 여러 나라가 국제 사회에서 힘이 막강한 일본 편을 들었기 때문이다.

『만국 평화 회의보』에 실린 세 특사 1907년 7월 5일 자 1면에는 세 특사의 사진과 이위종의 인터뷰 기사가 실렸다. 왼쪽부터 차례로 이준, 이상설, 이위종이다.

 역사랑 친해져 볼까?

우리가 돈을 모아 나랏빚을 갚자!

대한 제국은 일본에게 빌린 돈 1,300만 원을 갚지 못해 어려움을 겪고 있었다. 대한 제국 1년 예산에 맞먹는 이 빚을 갚자는 운동이 대구에서 시작되어 전국으로 확산되었다. 국채 보상 운동이 전개된 것이었다.

■ 국채 보상 운동에 대해 알아보자.

 왜 일본에 빚을 지게 되었을까?

대한 제국이 여러 가지 개혁을 추진하기 위해 일본에게 돈을 빌렸어.

그런데 일본이 필요한 돈보다 훨씬 더 많이 억지로 빌려 주었어.

이 빚을 빌미로 대한 제국의 개혁을 사사건건 방해하며 지배하려 들었어.

 당시 1,300만 원의 가치는 얼마나 될까?

당시 쌀 한 가마니는 5원이었어. 그러니까 1,300만 원이면 쌀이 260만 가마니!

당시 한양의 번듯한 기와집 한 채가 1,000원이 안 됐어. 1,300만 원이면 기와집 13,000채를 사고도 남는 돈이야.

사람들은 나랏빚을 갚기 위해 어떤 노력을 했을까?

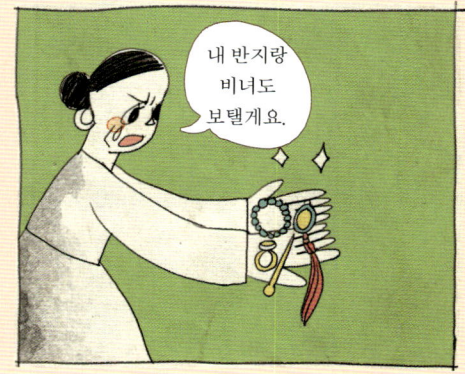

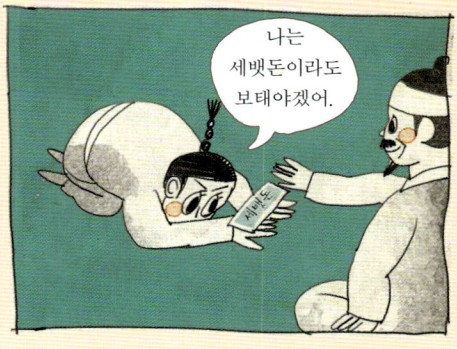

- 내가 그 당시에 살았다면 국채 보상 운동에 참여했을까? 친구들의 생각을 들어 보고, 내 생각도 써 보자.

나라가 진 빚을 왜 국민들이 갚아야 해? 그건 관리들이 책임져야지. 나라면 국채 보상 운동에 참여하지 않겠어.

당시 일본의 간섭에서 벗어나려면 나랏빚부터 갚아야 했어. 국민 모두를 위하는 일이니까 나라면 국채 보상 운동에 참여했을 거야.

나라면

경복궁에 일장기는 왜 내걸렸을까?
순이는 학교에서 무엇을 배웠을까?
학교에 다니지 못하는 어린이들은 무엇을 했을까?

식민지 조선의
고달픈
어린이들

경복궁에 일장기는 왜 내걸렸을까?

경복궁 근정전 앞에 걸린 일장기(1915년 조선물산공진회 때 걸린 일장기 사진)

경복궁의 근정전은 대한 제국 황제가 나랏일을 보는 곳이었다. 그런 근정전에 일장기가 내걸렸다. 이제부터 일본이 대한 제국을 지배한다는 표시였다. 어쩌다가 대한 제국이 식민지가 되었을까?

1910년 여름, 대한 제국 총리대신 이완용과 일본 통감 데라우치가 비밀리에 만나서 대한 제국을 일본에 병합시키자고 의논했다. 그리고 형식적인 회의를 거치더니, 이완용과 데라우치가 조약에 서명했다. 대한 제국이 일본의 식민지가 된 것이다. 한국인들의 엄청난 반발을 두려워한 일본은 조약을 체결한 사실을 숨기다가 일주일 뒤에야 발표했다.

　일본은 조선 총독부를 설치하고 한국인을 통치했다. 총독이 된 데라우치는 일본에 복종하든지, 그게 싫으면 죽으라고 위협하면서 한국인들의 생활을 사사건건 감시하고 통제했다. 교육도 마찬가지였다. 일본은 보통학교를 만들어서 한국 아이들을 다니게 하고, 교육 내용도 일본의 입맛에 맞춰 가르쳤다. 교육의 목적은 한국인을 일본에 충성하는 사람으로 만드는 데 두었다.

순이는 학교에서 무엇을 배웠을까?

순이는 보통학교 학생이다. 새 학년 첫날, 순이는 담임 선생님이 한국인 선생님이기를 바라며 두근거리는 마음으로 학교에 갔다. 하지만 순이의 바람과 달리 군복을 입고 칼을 찬 일본인 선생님이 교실로 들어왔다.

"모두 일어서!"
"차렷! 선생님께 경례!"
"자리에 앉아!"

첫째 시간은 국어 시간. 학생들은 일본어로 된 『보통학교 국어 독본』을 펼쳐 들고 선생님을 따라 일본어로 책을 읽었다.

"도쿄는 천황 폐하가 계시는 곳으로 우리나라의 수도입니다……."

순이는 선생님의 일본어를 듣고 따라 읽기가 힘들었다. 그래서 소리는 작게

칼을 찬 교사들 조선 총독부는 학교 선생님들에게 군복을 입히고 칼을 차게 했다.

신궁 참배 1925년 이후에는 일제가 남산에 세운 신궁에 가서 강제로 참배를 해야 했다.

내고 입은 크게 벌렸다. 혹시 틀려서 선생님에게 혼날까 봐 조마조마했지만 입을 크게 벌리면 잘하는 것처럼 보일 것 같았다.

순이네 학교에서는 봄과 가을에 소풍을 갔다. 지난 가을 소풍 때는 인천항에 가서 군함을 보았는데, 강철로 만든 커다란 배를 보고 반 아이들 모두가 놀랐다. 일본인 선생님은 강한 나라인 일본을 자랑스러워해야 한다고 말했다. 봄 소풍은 언제나 학교 주변에 있는 신사로 갔다. 신사는 일본의 신들을 모시고 제사를 지내는 곳인데, 천황의 조상신을 모신 곳도 있었다. 신사에 가면 줄을 서서 참배를 했다. 천황 폐하의 조상신에게 온 마음을 모아서 기도하라는 선생님의 말에 순이는 눈을 꼭 감고 기도하는 척했다.

학교에는 천황의 생일을 기념하는 행사도 있었다. 모든 학생들이 운동장에 줄을 서서 일본 국기에 경례를 하고, 교장 선생님의 말씀을 들었다.

"여러분은 일본을 위해 살아야 합니다. 천황 폐하의 은혜를 잊어서는 안 됩니다."

교장 선생님의 말씀이 끝나면 음악 시간에 연습한 일본 국가를 합창했다.

여전히 몇몇 사립 학교에서는 우리말과 역사를 가르치기도 했다. 그러나 조선 총독부는 학교를 관리하는 법을 바꾸어서 이런 학교들의 문을 닫게 했다.

학교에 다니지 못하는 어린이들은 무엇을 했을까?

일제 강점기에는 학교에 다니는 어린이보다 학교에 다니지 못하는 어린이가 훨씬 더 많았다. 가난 때문이었다. 황해도 농촌에 살았던 석구도 가난해서 학교에 다니지 못했다. 석구 아버지는 동양 척식 주식회사의 땅을 빌려 농사를 짓는 소작농이었다. 동양 척식 주식회사는 조선 총독부의 도움으로 엄청나게 넓은 땅을 차지한 일본 회사였는데, 농민들에게 땅을 빌려주고 소작료를 많이 받았다. 석구 부모님은 열심히 일했지만 가을에 추수하여 소작료를 내고 나면 남는 게 거의 없어서 가난에서 벗어날 수 없었다.

석구는 학교에 가는 대신 부모님의 농사일을 도왔다. 소를 끌고 나가 풀을 먹이기도 하고, 지게를 지고 산에 가서 땔감도 해 왔다. 어느 날 밤, 석구는 부모님의 걱정스러운 대화를 듣게 되었다.

"동양 척식 주식회사가 소작료를 더 많이 내라고 했다면서요?"

"그랬다지 뭐요. 한국인 농민을 쫓아내고 작년에 우리 땅으로 이민 온 일본인 농민들에게 땅을 주려고 그런다는군요."

"그럼 우리는 어떻게 먹고살아요?"

"재작년에 만주 땅 간도로 간 삼촌에게 연락해 놓았어요. 간도에는 황무지를 농토로 일궈 살아가는 동포들이 부쩍 늘었다고 해요. 우리도 간도로 갑시다."

간도 갈 때 나도 데려가 줘. 음매!

살림살이를 돕기 위해 나선 어린이들 가난한 집 아이들은 산에서 땔감을 마련하거나(왼쪽), 소쿠리나 빗자루를 팔며(오른쪽) 가족의 생계를 도왔다.

농촌뿐만 아니라 서울처럼 큰 도시에도 가난한 사람들이 넘쳐 났다. 도시의 가난한 어린이들은 여러 가지 물건을 팔아서 가족과 먹고살았다. 짚신을 삼아 팔고, 소쿠리나 빗자루를 만들어 팔고, 엿을 받아다가 팔기도 했다. 겨울에는 눈 쌓인 산에 올라가 땔감을 해다가 팔았다.

조선 총독부는 불량한 가정의 어린이들이 학교에 다니지 않는 것이 큰 문제라며 단속하겠다고 발표했지만, 가난한 집에서 태어나 가족의 생계를 돕겠다는 어린이들을 막무가내로 막을 수는 없었다.

서울 종로에 고무신 공장이 생기자 짚신을 팔던 소녀들이 고무신 공장에 가서 일했다. 고무신은 짚신보다 몇 배나 비쌌지만 질겨서 오래 신을 수 있고 빗물이 새지 않아 인기가 아주 좋았다. 고무신 공장에서 '뛰' 하고 근무 시간을 알리는 나팔 소리가 울리면 소녀들은 고무신 공장으로 뛰어갔다.

역사랑 친해져 볼까?

조선 총독부가 금지한 놀이를 찾아라!

식민지 조선의 어린이들도 일하고 학교에 가는 틈틈이 친구들과 즐겁게 놀았다.
당시 어린이들은 어떤 놀이를 했을까?

■ 설명을 읽고, 빈 곳에 알맞은 놀이 이름을 〈보기〉에서 찾아 써 보자.

내 돌로 상대방의 돌을 맞혀 넘어뜨리는 놀이. 처음엔 손으로 돌을 던지지만 단계마다 발등, 무릎 사이, 배, 가슴, 이마, 머리로 돌을 옮겨 상대방의 돌을 맞혀야 함.

Y자 모양의 나뭇가지에 고무줄을 매어 새총을 만듦. 고무줄 사이에 돌을 끼워 고무줄을 당겼다가 놓으면 목표물을 맞힐 수 있음. 목표물을 더 많이 맞힌 편이 이김.

남자 아이들과 어른들이 편을 갈라 강이나 들판을 사이에 두고 돌을 던져 상대방을 맞히는 놀이. 돌을 직접 던지기도 하고 천으로 빙빙 돌려 던지기도 함. 한쪽 편이 항복해야 끝남.

■ 그런데 조선 총독부는 이 중에서 몇 가지 놀이를 금지한다고 발표했다. (가), (나), (다)에 들어갈 놀이는 무엇일까?

(가) _____

(나) _____

(다) _____

(가)와 (나)는 하지 마라!
잘못하면 사람이 다치고
위험하니까.
(다)도 하지 마라.
전봇대에 걸리면 아주
귀찮아지니까.

바람 부는 들판이나 언덕에서 연을 공중에 띄워 높이 날리는 놀이. 연을 날리다가 내 연줄과 다른 사람의 연줄을 서로 엇갈리게 하여 연줄을 끊는 연싸움을 하기도 함.

두 편이 마주 서서 나아가고 물러서기를 반복하며 노래를 부르는 놀이. 상대편 아이의 이름을 넣어서 마지막 소절을 부르고, 그 아이와 가위바위보를 해서 이기면 자기편으로 데려올 수 있음.

상대편 투수가 던진 공을 방망이로 맞혀 공을 멀리 날아가게 한 다음에 1루, 2루, 3루, 홈을 차례로 밟으면 1점을 얻는 놀이. 9회까지 진행하여 점수를 많이 낸 편이 이김.

<보기> 야구, 새총놀이, 연날리기, 돌싸움, 꽃찾기놀이, 비석치기

(가)와 (나)를 잘하면 일본군을 맞히고 도망갈 수도 있고, 우리 민족끼리 단결하는 기회가 될 수도 있으니까 그러는 것 같아.

(가), (나), (다)는 모두 오래전부터 전해 내려오는 우리 민족의 전통 놀이라서 못 하게 하는 것 같아.

학생들은 3월 1일에 왜 거리로 뛰쳐나왔을까?
독립운동가들은 왜 대한민국 임시 정부를 세웠을까?
대한민국 임시 정부는 어떤 일을 했을까?
봉오동 전투와 청산리 전투는 왜 일어났을까?
나석주는 어디에 폭탄을 던졌을까?
방정환은 왜 어린이날을 만들었을까?

08

독립의 꿈을 키우는 사람들

학생들은 3월 1일에 왜 거리로 뛰쳐나왔을까?

대한 제국이 일본의 식민지가 된 지 10년이 되던 해인 1919년 3월 1일. 아침 일찍부터 서울 탑골 공원으로 사람들이 모여들었다. 정오가 지날 무렵, 한 학생이 탑골 공원 정자로 뛰어 올라갔다. 그러고는 품 안에서 독립 선언서를 꺼내 들고 우렁차게 읽기 시작했다.

"우리는 오늘 이 시간부터 우리나라가 독립국이라는 것을 선언한다!"

독립 선언서를 다 읽은 학생이 "대한 독립 만세!"라고 외치자, 모인 사람들 모두가 대한 독립 만세를 외쳤다. 사람들은 공원 밖으로 쏟아져 나와 거리를 행진하며 대한 독립 만세를 외쳤다. 길을 가다 만세 행렬에 참여하는 사람도 많았고, 옆에서 구경하며 만세를 외치는 사람도 많았다. 남녀노소 모두 하나가

되어, 일본의 지배에서 벗어나 독립을 이루기 위해 대한 독립 만세를 외쳤다.

평양에서 학교를 다니던 열다섯 살 김산도 "우리가 독립하고 싶다는 뜻을 충분히 밝힌다면 다른 나라들이 우리를 지원할 것이며, 우리나라는 독립을 이룰 수 있을 것이다."라는 선생님의 말을 듣고, 친구들과 손을 잡고 거리로 뛰어나가 대한 독립 만세를 외쳤다.

지난 10년 동안 나라 밖 세상에서는 큰 변화가 있었다. 영국과 프랑스, 미국, 독일 등 강대국들이 편을 갈라 몇 년 동안 싸웠던 제1차 세계 대전이 끝났고, 다른 나라의 지배를 받던 나라들을 독립시켜야 한다는 주장이 일어났다. 독립운동가들은 이 기회를 이용해 한국인들의 굳은 독립 의지와 힘을 세계에 보여 주고자 비밀리에 독립 선언서를 만들고 만세 운동을 준비했다.

여러 도시에서 만세 운동이 일어나자 조선 총독부는 즉시 만세 운동 지도자들을 잡아들이고, 학교에 휴교령을 내려 학생들의 만세 운동을 막았다. 학교가 문을 닫자 학생들은 고향으로 돌아가 만세 운동을 이끌었다. 이화 학당에 다니던 열여섯 살 유관순도 고향인 천안으로 내려가 만세 운동을 벌였다.

만세 운동은 5월 말까지 전국 방방곡곡에서 계속되었고, 조선 총독부는 군대와 경찰을 동원하여 만세를 외치는 사람들을 총칼로 잔인하게 진압했다. 만세 운동은 서서히 가라앉았지만, 사람들 마음속에는 일본에 대한 분노와 독립에 대한 열망이 점점 커지고 있었다.

1919년 만세 운동 때 쓰였던 것으로 보이는 태극기
2009년 5월, 서울 은평구에 있는 진관사에서 건물을 수리하다가 우연히 발견되었다.

독립운동가들은 왜
대한민국 임시 정부를 세웠을까?

해외에 사는 동포들도 한국에서 독립 만세 운동이 일어났다는 소식을 듣고 만세 운동을 벌였다. 중국을 비롯하여 미국과 러시아 땅으로 옮겨 살던 한국인들까지 만세 운동에 나서자, 독립운동가들은 바로 지금이야말로 더 힘차게 독립운동을 해야 할 때라고 의견을 모았다. 그리고 독립운동을 더 효과적으로 하기 위해 임시 정부를 세우기로 했다.

독립운동가들이 중국의 상하이에서 모였다. 상하이는 세계 각국의 공사관이 모여 있는 국제적인 도시여서 외교 활동을 펼치기에 좋았고, 무엇보다 일본의 영향력이 덜 미치는 곳이라 독립운동을 하기에 적합했다. 그래서 독립운동가들은 상하이에 임시 정부를 세우기로 결정했다. 임시 정부는 일본에게서 나라를 되찾을 때까지 독립운동을 이끄는 역할을 하기로 했다.

임시 정부에 모인 독립운동가들은 이승만을 첫 번째 대통령으로 뽑고, 우리나라의 독립을 위해 열심히 활동했다.

상하이 1919년 대한민국 임시 정부가 세워진 곳이다.

대한민국 임시 정부를 이끌었던 사람들 1921년 1월 1일, 상하이 대한민국 임시 정부와 임시 의정원 사람들이 새해를 축하하며 기념사진을 찍었다. 동그라미 표시한 사람들은 왼쪽부터 김구, 이승만, 안창호이다.

대한민국 임시 정부의 첫 번째 청사 미국에 사는 한국인들의 도움을 받아 중국 상하이에 처음 마련한 청사이다.

복원된 김구 집무실 현재 상하이 대한민국 임시 정부 유적지 2층에 마련되어 있다.

대한민국 임시 정부는 어떤 일을 했을까?

정부를 세우려면 헌법도 있어야 하고 나라 이름도 있어야 했다. 독립운동가들은 나라의 이름을 정하기 위해 머리를 맞대고 의논했다.

"일본에게 나라를 빼앗겼을 때의 이름이 대한 제국이었으니 나라 이름을 대한으로 합시다. 이번 만세 운동에서도 사람들이 대한 독립 만세를 외치지 않았소?"

"맞소. 하지만 대한 제국의 주인은 황제였소. 지금은 나라의 주인이 국민이니, 제국이라는 이름을 버리고 민국이라고 해야 합니다."

"그러면 대한민국으로 합시다."

우리 국민들은 독립을 원합니다.

파리

쉿! 잘 전달해.

국내와 연락할 때에는 비밀 조직으로 몰래 함

『독립신문』을 만들어 임시 정부의 활동을 알림

상하이

일본과의 전쟁 선언

독립운동가들은 나라 이름을 '대한민국'으로 정하고 정부를 세웠다. 그리고 대한민국 임시 정부 안에는 오늘날의 국회와 같은 임시 의정원을 두었다. 임시 의정원에서는 헌법인 '대한민국 임시 헌장'을 만들었다. 대한민국 임시 헌장에는 대한민국이 3·1 운동에 참여한 국민들의 힘으로 만들어졌으며, 국민이 주인인 민주 공화제의 나라임을 분명히 밝혔다. 임시 정부 안에는 외교와 군사, 통신과 산업, 교육을 담당하는 부서도 따로 두었다.

대한민국 임시 정부는 다른 나라들이 우리나라의 독립을 지지해 주도록 외교 활동을 벌였다. 다른 한편으로는 일본과의 전쟁을 선언하고, 전쟁 자금을 모아 만주 지역의 독립군을 지원하였다. 또 『독립신문』을 발행하여 한국인은 물론 외국인에게도 임시 정부의 활동을 자세히 알렸다. 독립운동 자금을 모으거나 독립운동 소식을 알릴 때에는 비밀 조직을 만들어 활동하였다.

대한민국 임시 정부의 활동

봉오동 전투와 청산리 전투는 왜 일어났을까?

　압록강과 두만강 건너 만주 땅, 그중에서도 간도 지역에는 오래전부터 한국인들이 건너가 황무지를 개척하고 마을을 이루어 살았다. 마을이 점점 커지고 독립운동을 하는 사람들이 모여들면서 간도에는 독립군 부대와 독립군을 키우는 학교도 생겼다. 3·1 운동이 일어났다는 소식이 간도 지역으로 알려지자 '우리 힘으로 일본군을 몰아내고 나라의 독립을 되찾자.'는 생각이 강해졌고, 독립군의 활동도 더욱 활발해졌다. 여러 독립군 부대가 서로 힘을 합쳐 국내로 들어가 일본군과 싸우기도 했다.

　홍범도가 이끄는 독립군 부대는 두만강을 건너 일본군 초소를 공격하여 일본군에게 큰 피해를 입혔다. 그러자 일본군 1,000여 명이 독립군을 공격해 왔고, 홍범도의 부대는 적은 수로 많은 수의 일본군을 상대하기 위해 꾀를 내었다. 지형이 항아리 모양으로 생긴 봉오동 골짜기로 일본군을 끌어들인 뒤, 사

봉오동 전투와 청산리 전투

방에서 공격을 퍼부어 일본군을 무찌른 것이다. 이 승리를 대한민국 임시 정부는 '독립운동의 1회전'이라고 하며 독립운동의 기운을 높이려 하였다.

일본은 독립군의 뿌리를 뽑기 위해 더 많은 일본군을 만주로 보냈다. 이에 홍범도의 부대는 백두산 근처에서 활동하던 김좌진의 독립군 부대와 힘을 합쳐 백두산의 청산리 계곡으로 일본군을 끌어들이는 작전을 펼쳤다. 독립군보다 몇 배나 많은 수의 일본군이 신식 대포와 기관총을 쏘아 댔지만 독립군은 백두산의 지리를 잘 이용하여 용감하게 싸웠고, 마침내 전투를 승리로 이끌었다. 봉오동 전투에 이어 청산리 전투에서도 승리를 거둔 독립군은 일본을 이길 수 있다는 자신감을 갖게 되었다.

조선 총독부는 다시 일본군을 보내 만주의 한국인 마을을 공격했다. 일본군은 많은 사람들을 죽이고 집을 불태우며 마을을 파괴했다. 그러나 일본군이 물러간 뒤, 살아남은 사람들과 독립군들은 다시 무기를 갖추어 일본군과 맞설 준비를 했다.

만주의 독립군 부대는 _____(과)와 _____ 에서 일본군과 싸워 이겼다.

나석주는 어디에 폭탄을 던졌을까?

황해도에서 나고 자란 나석주는 독립운동에 뛰어들기로 마음먹고, 만주의 간도로 갔다. 나석주는 무관 학교를 다니며 군사 훈련을 받은 뒤, 압록강을 건너 조선 총독부의 감시를 피해 경성(지금의 서울)으로 들어왔다.

나석주는 경성으로 오기 전 상하이에서 김구를 만났다. "조선 총독부 같은 일본의 통치 기관을 파괴하여 동포들의 잠자는 혼을 불러일으키고 다시 독립을 시도해야 한다."라는 김구의 말에 자신이 하겠다고 나선 것이었다.

나석주는 명동에 있는 미쓰코시 백화점을 지나 경성역으로 갔다. 역의 북쪽으로 경복궁과 조선 총독부 건물이 보였다.

'일본 식민 통치의 심장인 저 총독부 건물을 폭파하고 이 땅에서 일본인들을 몰아내야 한다.'

이를 악물며 다짐했지만 경비병이 너무 많아서 쉽지 않아 보였다.

나석주는 총독부 건물을 바라보며 걷다가 경성부청 건물이 있는 곳에서 오른쪽으로 꺾어 황금정 거리로 들어섰다. 소작료를 올리고 땅을 빼앗아 농민들을 괴롭히는 동양 척식 주식회사 건물과 일본의 이익을 위해 설치한 식산 은행이 보였다. 나석주는 두 건물을 지키는 경비병들의 위치를 확인하고, 경찰들의 움직임까지 살핀 뒤 명동의 여관에서 밤을 보냈다.

다음 날 아침, 나석주는 폭탄과 총을 품고 동양 척식 주식회사로 갔다. 그러나 경비병이 막아서서 건물 안으로 들어갈 수 없었다. 나석주는 어쩔 수 없이

길 건너 식산 은행으로 가서 폭탄을 던졌다. 하지만 폭탄은 터지지 않았다. 나석주는 포기하지 않고 다시 동양 척식 주식회사로 숨어 들어가 폭탄을 던졌다. '꽝!' 하고 큰 소리가 났지만 화력이 약한 탓에 건물이 무너지지는 않았다.

나석주는 폭발 소리에 놀라서 뛰어나오는 일본인들을 총으로 쏜 뒤 황금정 거리로 뛰어갔다. 뒤따라오는 일본 경찰들에게 총을 쏘며 달렸으나 곧 포위되고 말았다. 나석주는 사람들을 향해 큰 소리로 외쳤다.

"나는 조국의 자유와 독립을 위해 싸웠다. 2,000만 민중아, 쉬지 말고 끝까지 싸우자!"

말을 마친 나석주는 들고 있던 총으로 자신을 쏘았다.

일본 경찰 때문에 나석주를 돕지 못했지만, 이를 지켜보던 사람들은 나석주의 마지막 말을 잊을 수 없었다.

방정환은 왜 어린이날을 만들었을까?

3·1 운동 이후 사람들은 나라의 독립과 미래를 위해서 어린이들을 잘 키워야 한다고 생각했다. 당시 사람들은 어린이를 아직 어른으로 크지 못한 완전하지 않은 존재로 여겼기 때문에 얕잡아 보고 함부로 대했다. 부를 때에도 '애녀석', '아이놈'과 같이 무시하는 말을 썼고, 어린이에게 힘든 일을 마구 시키기도 했다. 하지만 생각이 점차 달라지면서 나라의 미래를 짊어질 어린이들을 귀하게 여기자는 운동이 일어났다. 이 운동에 앞장선 대표적인 인물이 방정환이었다.

방정환은 젊은 사람을 젊은이라고 하듯, 나이가 어린 사람을 어린이로 부르자고 했고, 어린이는 그 자체로 완전하고 귀한 사람이니 어린이에게 높임말을 쓰자고 했다. 또 방정환은 어린이의 인격을 소중히 여기고 어린이의 행복을 도모하기 위해 어린이날을 만드는 데도 앞장섰다. 제1회 어린이날

방정환 아동 문학가이자 독립운동가이다.

월간 아동 잡지 『어린이』 1926년 12월호 표지이다.

『어린이』에 들어 있었던 부록 세계 발명품 이름을 배우는 놀이판이다.

행사를 알리는 전단지에는 '어린이를 내려다보지 말고 쳐다봐 주세요. 어린이에게 높임말을 쓰고 부드럽게 대해 주세요.'라는 글이 적혀 있었다.

방정환은 가난 때문에 웃음을 잃은 식민지 어린이들에게 꿈과 희망을 심어 주기 위해 어린이들이 재미있게 읽을 수 있는 동화와 동시를 모아『어린이』라는 잡지를 펴냈다. 당시에는 어린이를 위한 글을 쓰는 사람이 별로 없었기 때문에 글을 쓰고 잡지를 만드는 일을 방정환 혼자 하다시피 했다.『어린이』에는 동화와 동시를 비롯하여 추리 소설, 번역한 외국 동화, 퀴즈 등이 실렸다. 우리나라의 지리를 익히며 민족정신을 기를 수 있는 놀이판을 특별 부록으로 주기도 했다.

조선 총독부는『어린이』의 발행을 몹시 못마땅하게 여겼고, 내용을 트집 잡아 잡지를 제때 펴내지 못하도록 방해했다. 하지만『어린이』는 어린이들의 사랑을 크게 받으며 수만 부씩 팔려 나갔다.

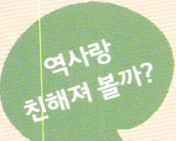 역사랑 친해져 볼까?

지도에서 이곳을 찾아라!

일제 강점기에 서울은 경성으로 불렸다. 1930년대의 서울 모습을 그린 지도를 살펴보자.

■ 다음에서 설명하는 장소를 찾아, 각각 지도에 표시해 보자.

★은 조선의 궁궐 중 으뜸이 되는 궁궐로, 왕이 살면서 나라를 다스렸던 곳이었다. 일본은 조선 왕조 통치의 중심이었던 ★ 안에 조선 총독부 건물을 지었다.

1919년 3월 1일, ♥에서 만세 운동이 시작되었다. 우리 민족은 ♥에 있는 팔각정에서 독립 선언서를 낭독하고 대한 독립 만세를 외쳤다.

나라의 독립을 위해 일본에 맞서 싸웠던 독립운동가들이 ■에 갇혀 온갖 고문을 당하며 고통을 겪었다. 수많은 독립운동가들이 ■에서 돌아가셨다.

▲는 일본이 조선의 토지와 자원을 빼앗기 위해 만든 기구이다. 독립운동가 나석주는 ▲에 폭탄을 던져 우리 민족을 괴롭히는 일본에게 저항했다.

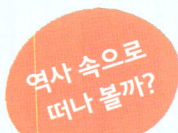 역사 속으로 떠나 볼까?

독립운동의 발자취를 따라 만주와 상하이로!

일제 강점기에 우리 민족은 일본의 탄압을 피해 중국, 러시아 등으로 이주해 독립운동을 펼쳤다. 이주한 곳에 학교를 세워 공부도 하고 군사 훈련도 하면서 일본과 맞서 싸울 힘을 길렀다. 우리 민족이 독립운동을 펼쳤던 곳, 만주와 상하이를 찾아가 보자.

신흥무관학교를 졸업한 사람들은 독립군이 되어 봉오동 전투, 청산리 전투 등에서 일본군과 맞서 싸웠다.

용정중학교 (옛 대성중학교)

신흥무관학교

평양

서울

용정에 있는 학교에서 윤동주를 비롯한 수많은 독립운동가와 애국지사가 나왔다. 이토 히로부미를 권총으로 명중시킨 안중근 의사는 용정에 와서 사격 연습을 하기도 했다.

상하이

대한민국 임시 정부 유적지와 루쉰 공원이 있다.

만주 용정중학교

- 용정중학교 역사 기념관에 가서 당시 학생처럼 사진을 찍어 보자.
- 내가 일제 강점기에 용정에 살았다면 나라의 독립을 위해 어떤 활동을 했을지 상상해 보자.

상하이 대한민국 임시 정부 유적지

- 대한민국 임시 정부 유적지에서 김구의 집무실을 찾아보자.

상하이 루쉰 공원

- '윤봉길 의사 기념관'에서 윤봉길 의사가 두 아들에게 남긴 글을 찾아 읽어 보자.

전쟁 중에 사람들은 어떻게 살았을까?
전쟁 중에 학교에서는 무엇을 했을까?
전쟁 중에 사람들은 어디로 끌려갔을까?
김준엽은 왜 일본군 부대를 탈출했을까?

전쟁터로 내몰린 사람들

전쟁 중에 사람들은 어떻게 살았을까?

열세 살 철이는 아버지를 따라 마을 애국반 회의에 갔다. 일본은 중국과 전쟁을 시작한 뒤로 마을마다 열 집씩 묶어 애국반이라는 것을 만들고 수시로 회의를 했다. 일본은 우리나라를 식민지로 삼은 후에 만주 땅을 빼앗고 중국과 싸우더니, 동남아시아의 여러 나라까지 침략했다. 급기야는 하와이를 공격해서 미국과도 전쟁을 시작했다. 일본의 식민 지배 아래 있었던 한국인들은 일본이 전쟁을 벌이는 곳에 군인이나 노동자로 끌려가야만 했다.

일제가 점령한 나라들 지도에 붉은색으로 칠해진 곳이 1940년 무렵에 일본이 점령하거나 다스렸던 나라들이다.

학도병으로 끌려가는 학생들 일제는 학도병이라는 이름으로 우리나라의 젊은 학생들을 전쟁터로 끌고 갔다. 학도병은 학생 신분으로 군대에 들어간 병사를 말한다.

애국반 회의가 시작되자 이장님이 말했다.

"천황 폐하를 위한 전쟁에 쓸 쌀이 부족하니 나라에 충성하는 마음으로 집집마다 쌀을 내놓읍시다. 철이네는 쌀 두 가마니를 낼 수 있죠?"

총알 만드는 데 쓴다고 놋그릇과 수저까지 내놓으라고 한 지 얼마 되지 않아 또 쌀을 내놓으라는 말에 모두가 곤란한 표정을 지었다.

"저희는 형편이 어려운데 한 가마니만 내면 안 될까요?"

철이 아버지가 조심스레 말하자, 이장님은 천황 폐하에 대한 충성심이 부족한 것 아니냐며 사정없이 몰아세웠다. 철이는 이장님이 무서웠다. 이장님의 말을 따르지 않으면 큰일이 날 것 같은 분위기에 결국 모든 집이 쌀 두 가마니씩을 내기로 했다.

집으로 돌아온 아버지는 한숨을 푹 내쉬었다.

"아들을 군대로 끌고 간 것도 부족해서, 먹고 살 쌀 한 톨까지 남김없이 빼앗아 가네그려. 나라가 없다는 것이 이렇게 서러운 일이었구먼."

철이는 전쟁을 일으켜서 사람들을 괴롭히는 일본이 미웠다.

전쟁 중에 학교에서는 무엇을 했을까?

여러 나라와 전쟁을 벌이던 일본은 식민지 사람들에게 일본에 대한 충성을 강요했고, 전쟁에 앞장서라고 부추겼다.

매일 아침 7시, 철이네 가족은 모두 마당에 나와 궁성 요배로 하루를 시작했다. 궁성 요배는 일본 천황이 사는 도쿄 황궁을 향하여 고개를 숙여 절을 하고 충성을 다짐하는 것인데, 하기 싫어도 하루도 빠짐없이 해야 했다.

철이는 아침밥을 먹고 학교로 달려갔다. 학교에서 철이는 기무라 데츠오라는 이름을 사용했다. 조선 총독부가 일본식 이름을 사용하지 않는 학생은 학교에 다닐 수 없다고 했기 때문이다. 이름을 바꾸지 않으면 일상생활을 제대로 하기 힘들었기에 사람들은 마지못해 일본식 이름을 지었다.

철이는 나무칼을 들고 운동장에 줄을 맞춰 섰다. 그리고 교장 선생님의 훈

목검 훈련 학교에서는 일본 천황의 군인이 되라며 훈련을 시켰다.

궁성 요배 매일 아침마다 일본 천황에게 충성할 것을 다짐해야 했다.   **근로 봉사** 공사 현장에 가서 일을 하기도 했다.

화로 군사 훈련을 시작했다.

"우리 모두는 천황 폐하의 아들입니다. 천황 폐하는 학생들이 건강하게 자라 훌륭한 군인이 될 거라고 기대하고 계십니다. 천황 폐하의 군인이 되는 그날까지 열심히 훈련합시다."

철이는 얼마 전 징병 통지서를 받고 일본군으로 군대에 끌려간 형이 생각났다. 어머니는 아침저녁으로 장독대에 깨끗한 물을 떠 놓고 형이 무사하기만을 기도했다. 철이는 자신마저 군대에 끌려가면 어머니의 마음이 많이 아플 것 같다고 생각했다.

"차렷! 칼을 위로 들어! 한 걸음 앞으로 나가며 칼을 아래로 내린다. 충성이라는 구호와 함께!"

선생님의 구령 소리가 들렸다. 철이와 반 친구들은 칼을 내리며 "충성!" 하고 크게 외쳤다. 동작이 굼뜨거나 틀린 친구들은 벌을 받았다.

오후에는 선생님을 따라 산으로 갔다. 선생님은 "여러분들이 버섯을 따고 도토리와 알밤을 주워서 내면 그걸로 전쟁 무기를 살 수 있어요. 우리가 이러는 것도 나라를 위하는 거예요."라고 말했다. 철이는 배고픔을 참으며 몇 시간 동안 산을 돌아다니며 도토리와 알밤을 주웠다. 전쟁이 심해진 뒤로는 먹을 것이 늘 부족해서 주운 알밤을 먹고 싶었지만 꾹 참고 선생님에게 냈다.

전쟁 중에 사람들은 어디로 끌려갔을까?

　전쟁이 오래 계속되자, 전쟁에 쓸 무기뿐만 아니라 물건을 만드는 사람도 많이 필요했다. 일본은 '전쟁에 필요하다면 사람들을 동원할 수 있다.'는 법을 만들어서 징용이라는 이름으로 한국인을 끌어가 일을 시켰다. 특히 일이 고되고 위험하기로 소문난 탄광으로 많이 데려갔다.

　열여섯 살 김창수는 일본의 탄광으로 징용되었다. 징용 갔다가 손가락이 잘려 일을 할 수 없게 된 아버지 대신이었다. 일본은 좁고 긴 갱도에서 석탄을 파내는 데 몸집이 작은 소년들이 필요하다며 김창수를 끌고 갔다.

　커다란 배를 타고 일본으로 간 김창수는 다시 작은 배를 타고 군함도에 도착했다. 도착한 첫날부터 김창수는 지하 1,000미터 깊이의 굴로 들어가 일을 했다. 온도가 45도까지 올라가는 굴 안에서는 가만히 있어도 온몸에서 땀이 줄줄 흘렀다. 그렇다고 일을 천천히 하거나 힘들다고 불평하면 감독관에게 두들겨 맞았다. 굴에서 나오는 독한 가스 때문에 사람들이 죽기도 했다.

　하루에 열여섯 시간 가까이 일하느라 너무 힘든데 배고픔의 고통까지 견뎌야 했다. 하루에 두 번, 잘라서 말린 고구마나 콩기름을 짜내고 난 찌꺼기가 식사로 나왔다. 사람이 먹을 만한 음식도 아니었지만 그마저도 충분히 주지 않아 늘 배고픔에 시달렸다.

　학교에 보내 준다, 돈을 많이 벌게 해 준다는 거짓말에 속아서 전쟁터로 끌려간 여성도 많았다. 그중에는 어린 소녀들도 있었다. 돈을 벌어 가난한 가족

군함도 원래 이름은 하시마인데, 섬의 모습이 군함을 닮았다고 하여 군함도라고 불렸다. 축구장 2개 크기만 한 인공 섬으로, 섬 전체가 탄광이었다. 고된 노동과 굶주림, 폭력에 시달려야 했던 강제 징용자들은 이곳을 '지옥 섬'이라고 불렀다.

석탄 캐는 모습(모형) 제대로 서 있기도 힘든 좁고 긴 군함도의 해저 탄광에서는 누운 채로 석탄을 캐야 했다.

에게 도움이 되고 싶었던 열일곱 살 김순덕은 간호사를 모집한다는 말에 중국의 상하이로 갔다. 하지만 김순덕이 도착한 곳은 상하이 근처의 일본군 부대였다. 그곳에서 김순덕은 일본군 '위안부'로 끔찍하고 무서운 일을 당했다.

군인이 부족해지자 일본은 식민지의 청년과 학생들을 일본 군인으로 끌어가려고 했다. 천황을 위해 싸우는 것은 훌륭한 일이라고 치켜세웠고, 일본군이 되면 월급도 많이 주고 나중에 좋은 곳에 취직도 시켜 준다고 꼬드겼다. 그래도 학생들이 지원하기를 꺼리자 강제로 지원서를 작성하게 했다.

도쿄에서 대학교를 다니던 유학생 장준하도 일본군에 지원할 것을 강요받았다. 그의 집안은 독립운동을 했던 탓에 일본 경찰에게 늘 감시를 당하며 시달렸다. 장준하는 할 수 없이 학도병으로 지원하여 일본군 부대에 들어갔고, 일본군이 되어 중국의 전쟁터로 갔다. 그러나 중국으로 향하는 장준하에게는 따로 마음먹은 계획이 있었다. 탈출해서 한국광복군이 되는 것이었다.

일본은 한국인들을 탄광과 공장의 징용 노동자로 끌어갔고, 천황을 위해 싸우라고 부추겨 _____(으)로 데려갔다.

김준엽은 왜 일본군 부대를 탈출했을까?

　일본에서 대학을 다니다가 강제로 일본군이 된 김준엽은 독립군과 싸울 수는 없다고 생각하였다. 그래서 중국 지도 한 장과 나침반, 그리고 어머니의 사진 한 장을 들고 경비가 허술한 틈을 타서 일본군 부대에서 도망쳤다. 낯선 중국 땅에서 길을 찾기 위해 지도와 나침반을 챙기고, 일본군과 싸우고 있던 중국군이 자신을 일본군이라고 생각할 것 같아서 한복을 입은 어머니 사진을 들고 갔던 것이다. 일본군 부대를 벗어나 중국군 부대로 찾아간 김준엽은 "나는 한국인이며, 일본군으로 강제로 끌려왔다. 하지만 나는 일본군과 싸우고 싶다."라고 하였다. 중국군은 김준엽을 동지로 받아들였다.

　그 후 중국군 부대에서 김준엽은 강제로 일본군이 된 한국인들을 설득하는 전단지를 만들었다. "일본은 곧 망한다. 목숨을 잃지 마라. 살아서 꼭 그리운 부모님을 만나야 한다."는 전단지를 읽은 많은 한국 청년들이 일본군 부대를 탈출했다.

　이즈음에 장준하도 동료 세 명과 함께 일본군 부대를 탈출했다. 장준

탈출하는 김준엽 김준엽은 쉬저우에 있는 일본군 부대를 탈출하여 충칭에 있는 대한민국 임시 정부로 갔다.

하와 김준엽을 비롯하여 일본군 부대를 탈출한 한국인 청년 수십 명은 충칭으로 가서 대한민국 임시 정부의 한국광복군이 되자고 뜻을 모았다. 당시 임시 정부는 상하이가 일본군에게 점령당하자, 충칭으로 옮겨가 있었다.

청년들은 일본군의 눈을 피하기 위해 기차를 타지 않고 걸어서 이동했다. 그들은 7개월에 걸쳐 6,000리(약 2,500킬로미터)를 걸어 대한민국 임시 정부에 도착했고, 원했던 대로 한국광복군이 되었다.

광복군 세 사람 한국광복군으로 활동했던 노능서, 장준하, 김준엽(왼쪽부터)이 1945년에 특수 훈련을 받을 때 찍은 사진이다.

당시 일본은 전쟁에서 패배하기 직전이었다. 돌아가는 상황을 꿰뚫어 본 대한민국 임시 정부는 일본에게 선전 포고를 하고, 한국광복군을 중국과 미국 등 연합군과 함께 싸우게 하였다. 한국광복군은 중국, 미얀마에서 일본군에 맞서 용감하게 싸웠다.

1945년 여름, 김준엽과 장준하는 미군과 함께 특수 훈련을 받았다. 비행기를 타고 한반도 안으로 숨어 들어가 조선 총독부와 일본군 부대를 파괴하는 작전을 수행하기 위해서였다. 그러나 일본의 항복으로 이 작전은 실행할 필요가 없어졌고, 35년간의 일제 식민 통치도 끝이 났다.

김준엽과 장준하처럼 일본군 부대에서 탈출한 청년들은 대한민국 임시 정부의 군대인 _____에 들어가 일본군과 싸웠다.

역사랑 친해져 볼까?

할머니가 그림으로 말하고 싶은 것은?

경기도 광주에는 '나눔의집'이 있다. 일본군 '위안부'로 피해를 당한 할머니들이 모여 사는 곳이다. 나눔의집 앞뜰에는 이곳에서 살다가 돌아가신 할머니들의 조각상도 있다. 할머니들은 '위안부' 피해자로 자신이 직접 겪은 아픔과 슬픔을 그림으로 표현했다.

나눔의집 앞뜰

■ 김순덕 할머니, 김복동 할머니, 강덕경 할머니는 그림을 통해 우리에게 무슨 말을 들려주고 싶으신 걸까? 할머니의 입장이 되어 빈 곳에 써 보자.

고 김순덕 할머니

<끌려가는 배 안>

<그때 그곳에서>

■ 어떻게 하면 할머니들의 아픔을 조금이라도 덜어 줄 수 있을까? 할머니들에게 전하고 싶은 위로의 말이나 할머니들을 위해 내가 할 수 있는 일을 써 보자.

〈젊은 날은 어디 가고〉

〈14세 소녀 시 끌려가는 날〉

고 김복동 할머니

〈우리 앞에 사죄하라〉

고 강덕경 할머니

〈책임자를 처벌하라〉

할아버지와 할머니의 어린 시절은 어땠을까?
해방되던 날, 할아버지는 어디에 있었을까?
한국 전쟁은 할아버지, 할머니의 삶을 어떻게 바꾸었을까?
가난한 시골 소녀들은 왜 서울로 갔을까?
아버지는 어떤 학교생활을 했을까?

10

우리 가족이 겪은 역사적 사건

할아버지와 할머니의
어린 시절은 어땠을까?

2018년 5월 20일, 민경이의 일기

오늘은 할머니의 생신! 우리 가족과 고모네 가족이 할머니 댁에 모여 즐거운 시간을 보냈다. 다 함께 사진도 찍었다. 그런데 고모가 나에게 재미있는 것을 보여 주겠다며 낡은 사진첩 하나를 꺼내 왔다.

사진첩에는 여러 장의 흑백 사진이 있었고, 그중에는 어린 여자아이들을 찍은 것도 있었다. 할머니는 그 사진이 다섯 살 생일 때 동네 친구들과 찍은 사진이라고 하셨다. 사진 속 할머니는 참 귀여웠다. 할머니에게도 이런 어린 시절이 있었다니! 할머니가 다섯 살 때면 1944년이다. 할머니는 이 생일 사진을 찍고 1년쯤 뒤에 우리나라가 일본의 지배에서 벗어났다고 하셨다. 할아버지는 그때 열한 살이었는데 만주에서 해방을 맞았다고 하셨다. 그리고 해방 후 얼마 지나지 않아 한국 전쟁이 터졌고, 할머니와 할아버지는 전쟁이 끝난 뒤 서울에서 만나 결혼을 했다고 하셨다.

역사 시간에 배운 일제 강점기와 한국 전쟁을 우리 할아버지, 할머니가 직접 겪으셨다는 게 참 신기했다. 할머니와 할아버지는 어렸을 때 어떻게 살았을까? 그때 우리나라에는 무슨 일이 있었을까?

해방되던 날, 할아버지는 어디에 있었을까?

1945년 8월 15일 정오.

"일본 제국은 미국, 영국, 중국, 소련 4개국의 공동 선언을 받아들인다……."

사실상 항복을 뜻하는 일본 천황의 목소리가 라디오를 타고 흘러나왔다.

"드디어 해방이구나!"

거리는 기쁨의 눈물을 흘리며 만세를 부르는 사람들로 가득했다. 독립운동을 하다가 잡혀갔던 사람들도 감옥에서 풀려나와 함께 만세를 외쳤다.

민경이의 할아버지는 해방이 되었을 때 열한 살이었다. 할아버지의 아버지는 독립군이었는데, 만주에서 일본군과 싸우다가 돌아가셨다. 할아버지는 만주에서 살다가 해방된 해에 가족과 함께 지금의 북한 땅인 함경도로 들어왔

해방의 기쁨 해방 바로 다음 날인 1945년 8월 16일 오전, 사람들이 감옥에서 풀려난 독립운동가들과 함께 만세를 부르며 기뻐하고 있다.

38도선을 넘는 가족 1947년에 한 가족이 38도선을 넘어 남쪽으로 가고 있다.
아이 앞 오른쪽 팻말에는 북한, 왼쪽 팻말에는 남한이라고 써 있다.

다. 만주에서 두만강만 건너면 함경도였다. 해방이 되자 한반도에는 민경이 할아버지처럼 만주에서 돌아오는 사람도 많았고, 남태평양이나 일본에 징용이나 징병으로 끌려갔다가 돌아오는 사람도 많았다.

민경이의 할머니는 여섯 살에 해방을 맞았다. 할머니네 가족은 군산에 살았다. 군산은 일제 강점기에 우리나라에서 생산된 쌀을 배에 실어 일본으로 보내는 항구 도시였다. 그래서 일본 사람이 많이 살았는데, 전쟁에서 패하자 일본 사람들은 집이고 살림이고 모두 버리고 허둥지둥 일본으로 돌아갔다.

해방과 함께 미국과 소련은 한반도에 남아 있는 일본군을 자기들이 몰아내겠다며 북위 38도선을 기준으로 선을 그었다. 북위 38도선을 기준으로 남쪽에는 미군이, 북쪽에는 소련군이 들어왔다. 비록 38도선은 그어졌지만 이때만 해도 사람들은 여전히 38도선의 남쪽과 북쪽을 자유롭게 오갈 수 있었다.

우리나라가 일본의 지배에서 해방이 된 해는 _____년이다.

한국 전쟁은 할아버지, 할머니의 삶을 어떻게 바꾸었을까?

사람들은 머지않아 남북한을 아우르는 통일 정부가 세워질 것이라고 믿었다. 하지만 미국과 소련이 서로 자기 뜻에 맞는 정부를 세우려고 맞섰고, 어떤 정치 세력이 새 정부를 꾸리는 데 참여할지를 두고도 갈등이 벌어졌다. 그러자 몇몇 정치 지도자들은 남한만이라도 정부를 세우자고 주장했다. 북한에서도 비슷한 움직임이 나타났다. 하지만 남한과 북한에 따로 정부를 세우면 나라가 영영 둘로 갈라져 다투게 될까 봐 많은 사람들이 반대했다.

그러나 결국 1948년 8월과 9월에 남한과 북한에 따로따로 정부가 들어서고 말았다. 남쪽은 이승만, 북쪽은 김일성이 정부의 책임자였다. 한반도는 두 동강이 났고, 사람들은 더 이상 38도선을 넘어 다닐 수 없게 되었다. 38도선 근처에서는 남북한 사이에 크고 작은 충돌이 계속 일어났다. 그러다가 1950년 6월 25일에 북한이 남한을 공격하면서 한국 전쟁이 터졌다. 초여름에 시작된 전쟁은 해가 바뀌어도 끝나지 않았다. 피난민이 남쪽으로 몰려오면서 수도도 부산으로 옮겨 갔다.

민경이의 할머니가 살던 군산에도 북한군이 쳐들어왔다. 할머니네 가족은 북한군을 피해 먼 곳의 친척 집으로 갔다.

소녀와 탱크 한국 전쟁 당시의 사진으로, 한 소녀가 어린 동생을 업고 무덤덤한 표정으로 서 있다.

흥남 부두의 피난민 1950년 12월, 전쟁을 피해 남쪽으로 가려고 흥남 부두에서 배에 오르는 피난민들의 모습이다.

전쟁고아 전쟁으로 부모를 잃은 어린아이가 혼자 울고 있다.

　전쟁은 3년 동안 계속되었고, 남북한의 젊은이들은 서로 총부리를 겨누며 전쟁터에서 죽어 갔다. 전투기가 밤낮으로 퍼붓는 폭탄 세례에 수많은 사람들이 죽었고, 공장과 학교와 집은 모두 잿더미로 변했다. 전쟁 통에 부모를 잃은 고아들, 가족과 헤어진 사람들이 헤아릴 수 없이 많았다. 북한에 살던 민경이의 할아버지는 피난길에서 가족과 헤어져 이산가족이 되고 말았다. 할아버지는 홀로 흥남 부두에서 배를 타고 간신히 남한에 도착했다.

　1953년 여름에 휴전 회담이 끝나면서 총소리도 멈추었다. 그리고 한반도의 허리에는 38도선이 아닌 전쟁을 중단한다는 뜻의 '휴전선'이 그어졌다. 한국 전쟁은 완전히 끝난 것이 아니라 멈춘 것이었다.

38도선과 휴전선

한국 전쟁이 끝난 뒤 _____ 대신
분단이 굳어졌음을 뜻하는 _____(이)가 그어졌다.

가난한 시골 소녀들은 왜 서울로 갔을까?

한국 전쟁 직후에는 사람들 대부분이 몹시 가난했다. 전쟁으로 집과 땅이 폐허가 되었고, 아버지나 아들을 잃은 집이 많아서 너나없이 살림살이가 어려웠다. 먹을 것이 부족해서 '쌀밥에 고깃국을 배불리 먹는 것'이 사람들의 소원일 정도였다. 일을 하느라 학교에 가지 못하는 아이들이 많아서 지금의 초등학교와 같은 국민학교만 졸업해도 다행으로 여기던 시절이었다.

전쟁 후 10년쯤 지나자 서울과 여러 도시에 가발 공장, 가죽 제품 공장, 섬유 공장 등이 생겼다. 지방의 가난한 농촌에 살던 소녀들은 돈을 벌기 위해 서울로 가서 공장에 취직했다. 소녀들은 적은 월급을 받으며 아침부터 늦은 밤까지 일했고, 그렇게 번 돈을 고향 집으로 보내 어려운 집안 살림을 도왔다.

소녀들만 도시로 간 것은 아니었다. 일자리를 찾아 많은 사람들이 도시로, 공장으로 모여들어 노동자가 되었다. 노동자들은 적은 월급을 받으며 날마다 오랜 시간

가발 공장의 젊은 여성들 1970년대, 서울 영등포 해외수출공업단지에 있는 가발 공장에서 젊은 여성들이 일하고 있다.

농촌의 새마을 운동 정부가 주도한 새마을 운동으로 초가지붕이 슬레이트 지붕으로 바뀌는 등 농촌의 모습이 어느 정도 달라지기도 했다.

일을 했다. 기업들은 그 덕분에 값이 싸고 좋은 물건을 만들어 팔 수 있었다. 외국으로 수출되는 물건도 다양해졌고, 수출로 벌어들이는 돈이 점점 늘어나 나라의 경제도 나아졌다. 기업과 공장이 많아지고, 도시들은 더욱 늘어난 사람들로 나날이 커지고 북적였다. 학교와 병원이 지어지고, 극장과 백화점이 들어서는 등 도시의 모습과 도시 사람들의 삶은 빠르게 변화했다.

하지만 도시와 달리 농촌의 형편은 크게 나아지지 않았다. 젊은 사람들이 도시로 빠져나가면서 농촌의 일손이 줄어들어 어려움을 겪었다. 다양한 작물을 재배하고 쌀 생산도 늘어났지만, 정부에서 쌀 값을 낮게 유지하는 정책을 폈기 때문에 살림살이는 여전히 어려웠다. 생활 환경과 시설도 도시에 비해 불편했다. 시간이 흐를수록 도시와 농촌의 격차는 점점 더 벌어졌다.

아버지는 어떤 학교생활을 했을까?

　민경이의 할아버지와 할머니는 결혼하여 서울 변두리의 달동네에 살았다. 이때는 많은 사람들이 서울로 모여들다 보니 집이 부족했다. 그래서 산등성이나 산비탈같이 높은 곳에도 집을 짓고 살았다. 허술하게 지은 판잣집들이 빼곡하게 들어선 산동네를 달동네라고도 불렀다.

　민경이의 아버지는 여덟 살에 국민학교에 입학했는데, 학교에 학생 수가 너무 많아서 교실 하나를 반 두 개가 오전과 오후로 나누어 사용하는 이부제 수업을 했다. 매주 월요일 아침에는 전교생이 운동장에 모여 조회를 했다. 똑바로 줄을 서서 "부모님께 효도하고, 나라에 충성하고, 부지런하고 착한 어린이가 되어야 한다."라는 교장 선생님의 말씀을 들었다.

이부제 수업 학생 수는 많은데 학교 시설이 부족해서 이부제 수업을 실시했다. 오전에 수업하는 학급을 오전반, 오후에 수업하는 학급을 오후반이라고 했다.

겨울철 교실 모습 학생들이 쉬는 시간에 난롯가에 모여 불을 쬐고 있다.

아침과 저녁, 하루 두 번 울려 퍼지는 애국가에 맞춰 학교 운동장 국기 게양대에는 태극기가 올라가고 내려갔다. 그러면 모두가 하던 일을 멈추고 나라 사랑을 다짐하며 가슴에 손을 얹었다.

무찌르자, 공산당! 속지 말자, 공산당!

학교에서는 북한의 공산주의에 반대하는 반공 정신을 늘 강조했다. 그래서 반공 포스터 그리기, 반공 글짓기 대회가 해마다 열렸다.

봄과 가을에 소풍을 갈 때나 가을 운동회 날처럼 특별한 행사가 있는 날은 엄마가 만들어 준 김밥을 먹었다. 추운 겨울이 되면 교실 가운데 놓인 난로 위에 도시락을 쌓아 놓고 데워 먹기도 했다.

반공 포스터 학교에서는 반공 정신을 강조하며 반공 포스터 그리기, 반공 글짓기 대회를 열었다.

수업을 마치면 남자아이들은 운동장에 모여 축구를 했다. 딱지치기와 구슬치기도 했다. 여자아이들은 옹기종기 모여 앉아 공기놀이를 하거나 운동장에서 고무줄놀이를 했다.

역사랑 친해져 볼까?

누가 겪은 일일까? 사진의 주인을 찾아라!

민경이의 할아버지, 민경이의 아버지, 민경이는 한 가족이지만 서로 다른 시대에 태어났기 때문에 어린 시절에 겪은 일이 조금씩 다르다.

■ 다음은 누구와 관련된 사진일까? 사진을 보고, 설명도 읽어 보자.

1
나라가 해방되는 날, 너무 기뻐서 거리에 나가 만세를 불렀다.

2
점심시간에 친구들과 함께 급식을 먹었다.

3
생일날 선물받은 새 축구공으로 축구 교실 친구들과 경기를 했다.

4
돼지 오줌보에 공기를 넣어 공처럼 만든 것을 차고 놀았다.

5
축구공이 비싸고 귀해서 닳아 떨어지도록 오래 썼다.

■ 세 사람 각자에게 해당하는 사진의 번호를 빈 곳에 각각 써 보자.

겨울에는 교실 난롯가에서 불을 쬐기도 하고, 난로에 도시락을 데워 먹기도 했다.

책가방이 따로 없어 책을 싼 보자기를 메고 학교에 다녔다.

가리개 대신 책상 위에 네모난 책가방을 올려놓고 시험을 봤다.

복도에 서서 오전반 수업이 끝나기를 기다렸다.

냉난방 시설이 잘 갖춰진 교실에서 여름에는 시원하게, 겨울에는 따뜻하게 공부했다.

민주주의 국가에서 가장 중요한 것은 무엇일까?
무명천 할머니에게는 무슨 일이 있었던 걸까?
고등학생 김주열은 왜 시위에 나섰을까?
평화시장 노동자 전태일의 소원은 무엇이었을까?
그날 광주 시민들은 왜 광장에 모였을까?
청년 이한열은 어떤 나라를 꿈꾸었을까?

11

모두가 함께 일궈 낸 민주주의

민주주의 국가에서 가장 중요한 것은 무엇일까?

7월 17일은 제헌절이다. 제헌절은 무슨 날일까?

제헌절은 1948년 7월 17일에 대한민국의 제헌 헌법을 공식적으로 선포하고, 국민들에게 널리 알린 것을 기념하는 날이다. 제헌 헌법은 상하이 대한민국 임시 정부 때의 헌법인 임시 헌장의 정신을 이어받았다. 이 헌법에 따라 1948년 8월 15일에 이승만을 대통령으로 하는 대한민국 정부가 세워졌다.

헌법은 모든 법의 기본이 되는 법으로, 국민의 권리를 보장하고 국가의 근본을 알리는 국가 최고의 법이다. 대한민국 헌법에는 '대한민국은 민주 공화국'이며, '대한민국의 모든 권력은 국민으로부터 나온다.'라고 되어 있다. 대한민국은 국민이 주인인 민주주의 국가라는 뜻이다. 그리고 나라의 주인이 국민이므로 국민의 뜻에 따라 나라가 운영되도록 대통령과 국회 의원을 국민이 직접 뽑도록 헌법에 분명히 밝히고 있다.

무엇보다 헌법에는 국민이 인간으로서 당연히 누려야 할 기본적인 권리를 보장하고 있다. 따라서 대통령과 국회 의원을 비롯하여 국가 기관에서 일하는 사람들은 모든 국민이 인간다운 생활을 할 수 있도록 법과 제도를 만들고 운영해야 한다.

하지만 1948년부터 오늘날까지의 우리 역사를 보면, 헌법에서 정한 민주주의 원칙이 제대로 지켜지지 않았던 때가 많았다. 국민이 온전히

나도 대한민국의 국민이죠?

나라의 주인으로 대접받지 못했던 것이다.

지난 70여 년 동안 우리 국민들은 민주주의 원칙이 제대로 지켜지는 나라를 만들기 위해 끊임없이 노력해 왔다. 사회 곳곳에서 민주화를 요구하는 학생과 시민들의 시위가 일어났고, 민주주의를 지키고 발전시키기 위해 목숨을 바치는 사람도 많았다.

무명천 할머니에게는
무슨 일이 있었던 걸까?

　1948년 5월 10일, 대한민국의 초대 국회 의원을 뽑는 총선거가 있었다. 같은 해 4월 3일, 제주도에서 남한만 치르는 국회 의원 선거에 반대하는 무장대가 경찰서와 관공서를 공격했다. 그러자 군인과 경찰은 이들을 빨갱이 폭도로 몰아 진압하기 시작했다.

　결국 군인과 경찰은 무장대와 서로 총을 쏘며 전투를 벌였다. 그리고 그때 누가 쏘았는지 알 수 없는 총알 하나가 한 젊은 여성의 턱을 뚫고 지나갔다. 간신히 목숨은 건졌지만, 턱을 잃은 그 여성은 평생 동안 무명천으로 얼굴을 가리고 살면서 진아영이라는 이름 대신 무명천 할머니라는 별명으로 불렸다.

　군인과 경찰은 무장대를 잡는다면서 무수히 많은 제주 사람들을 죽였다. 한라

무명천 할머니, 진아영 씨 턱을 잃은 후 말도 제대로 못 하고, 음식도 제대로 못 먹으며 평생을 극심한 고통 속에서 살다가 돌아가셨다.

붙잡힌 사람들 제주 4·3 사건 당시 많은 사람들이 억울하게 붙잡혀 수용소에 갇혔다.

산 중턱에 있는 여러 마을을 불태우고, 수백 명을 한자리에서 죽이기도 했다. 이런 탄압은 몇 년 동안 계속되다가 1954년에야 끝났다. 이것이 제주 4·3 사건이다. 이때 억울하게 희생된 제주 사람이 지금까지 밝혀진 것만 14,000명이 넘는다.

수많은 제주 사람이 억울하게 가족을 잃고도 슬픔과 고통을 숨기며 살아야만 했다. 가족이 대한

제주 4·3 성산읍 희생자 위령비 제주 4·3 사건 때 군인과 경찰에 끌려가 억울하게 죽은 사람들을 위로하기 위해 세운 비석이다. 제주 곳곳에는 이런 위령비가 많이 세워져 있다.

민국에 반대하는 빨갱이 폭도라는 누명을 쓰고 죽었기 때문이다.

오랜 시간이 흘러 2003년에 노무현 전 대통령이 그때 희생된 사람들의 가족과 제주 사람들에게 대한민국 정부를 대표하여 사과했다. 그리고 진실을 밝히려는 노력 끝에 제주 4·3 사건은 국가 권력에 의해 국민들이 억울하게 희생된 사건이라고 인정받게 되었다.

고등학생 김주열은 왜 시위에 나섰을까?

4월 혁명이 시작된 곳 김주열의 시신이 떠오른 마산항 바닷가에 설치되어 있는 표지석이다.

경상남도 마산항 바닷가에는 '4월 혁명이 시작된 곳'이라고 쓰인 표지석이 있다. 이곳은 김주열의 시신이 떠오른 곳이다. 김주열은 누구일까? 왜 죽었을까? 4월 혁명은 왜 일어난 것일까?

1960년 3월 15일에는 대통령과 부통령을 뽑는 선거가 있었다. 당시 이승만 대통령은 자신과 이기붕이 각각 대통령과 부통령으로 당선되기를 바랐다. 하지만 이승만은 친일파를 청산하려는 국회의 활동을 막은 데다 대통령을 오래 하려고 헌법을 두 번이나 바꿨다. 민주적 절차를 무시한 채 모든 권력을 차지하고 국가의 중요한 일을 마음대로 처리했다. 이러한 독재 정치에 국민들은 등을 돌렸다.

제대로 선거가 치러지면 당선되기 어렵다고 판단한 이승만 정부는 대대적인 부정 선거를 저질렀다. 자기편을 찍은 표로 가득 채운 투표함을 미리 만들어 놓았다가 원래 투표함과 바꿔치기하거나, 서너 명씩 조를 짜서 투표하는 사람끼리 서로 감시하게 했다.

이 사실이 알려지자 전국 곳곳에서 부정 선거를 규탄하는 시위가 일어났다.

부정 선거를 규탄하는 시민들 정치인들과 시민들이 모여 "정·부통령 선거 다시 하라!"라고 외치며, 3·15 부정 선거를 규탄하는 시위를 벌였다.

경상남도 마산에서도 시위가 벌어졌고, 마산의 친척 집에 다니러 왔던 열일곱 살 김주열은 시위에 나섰다가 행방불명되었다. 그리고 며칠 뒤, 눈에 최루탄이 박힌 김주열의 시신이 바다 위로 떠올랐다. 이 소식을 알게 된 사람들은 분노로 들끓었고, 학생들은 "주열이를 살려 내라!"라고 외치며 시위에 앞장섰다.

4월 19일, 부정 선거와 독재를 규탄하는 시위가 거세지자 경찰은 시위를 무자비하게 막았다. 경찰이 시위대를 향해 쏜 총에 서울에서만 130명이 죽고 1,000명이 넘게 다쳤다. 이승만 정부는 시위를 막으려고 서울 거리에 탱크까지 앞세웠지만 시민들은 두려워하지 않았다. 초등학생과 중·고등학생, 대학생들까지 나서며 시위가 점점 더 거세지자 이승만은 대통령 자리에서 물러날 수

탱크에 올라탄 시민들 시위가 거세지자 이승만 정부는 탱크까지 앞세워 시위를 막았다. 그러자 시민들은 탱크에 올라타 "이승만은 물러가라!"라고 외쳤다.

밖에 없었다.

4·19 혁명으로 많은 것이 달라지기 시작했다. 대통령 선거를 다시 치렀고, 대통령이 모든 것을 마음대로 하지 못하도록 헌법을 고쳐 국회를 중심으로 정치를 할 수 있게 했다. 그동안 제대로 누리지 못했던 국민의 자유와 권리에 대한 목소리도 높아졌다.

하지만 바로 다음 해인 1961년에 박정희를 중심으로 몇몇 군인들이 군대를 동원해 권력을 잡고, 계엄령을 선포했다. 계엄령은 전쟁 같은 국가 비상 사태 때, 군대를 동원하여 국민을 안전하게 지키고 질서를 유지하기 위해 대통령이 내리는 명령이다. 그런데 박정희가 군대를 이용해서 정치권력을 차지하려고 계엄령을 선포한 것이다. 그리고 얼마 뒤 박정희가 대통령이 되었다. 선거라는 절차를 거치기는 했지만, 박정희 세력에 반대하는 정치 지도자들의 정치 활동을 금지하고 치른 엉터리 선거였다.

박정희는 18년 동안 대통령 자리에 있으면서 독재 정치를 했다. 헌법을 고쳐서 국회 의원의 삼분의 일을 대통령이 마음대로 임명하도록 했고, 대통령을 국민이 직접 뽑지 않고 선거인단이 뽑도록 했다. 선거인단은 박정희 정부의 뜻

박정희와 군인들 1961년 5월 16일, 박정희와 몇몇 군인들이 군대를 동원하여 정치권력을 잡았다. 가운데 선글라스를 쓴 사람이 박정희이다.

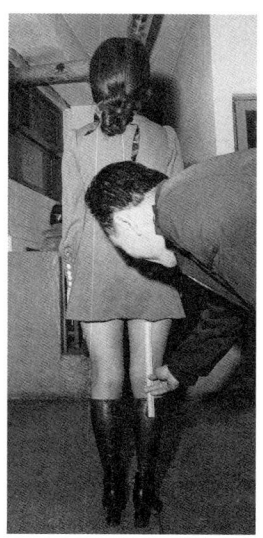

머리 모양과 옷차림까지 감시당한 시민들
경찰이 남성의 머리카락을 자르고, 여성의 치마 길이를 재고 있다.

대로 움직이는 사람들로 구성되었기에 박정희를 다시 대통령으로 만들었다.

대학생과 정치인들은 모든 권력을 차지하고 대통령에서 물러나지 않으려는 박정희를 비판하기 시작했고, 박정희 독재 정권은 대통령과 정부를 비판하는 사람들을 잡아다가 감옥에 가두고 고문했다. 심지어 북한의 간첩으로 몰아 사형에 처하기까지 했다.

박정희 독재 정권은 사람들의 머리 모양, 옷차림, 취미 생활까지 사사건건 간섭하며 일상생활의 자유를 통제했다. 경찰은 머리가 긴 남성을 보면 그 자리에서 머리카락을 잘라 버렸고, 짧은 치마를 입은 여성을 보면 자로 치마 길이를 재어 규정보다 짧으면 경찰서로 끌고 갔다. 또 대통령과 정부의 마음에 들지 않는 대중가요는 금지곡으로, 책은 금서로 만들어 사람들이 자유롭게 노래를 부르지도, 책도 읽지 못하게 했다.

대학생들은 박정희 정권 내내 민주화 운동에 앞장섰다. 인권을 짓밟고 자유를 억압하는 일이 계속되자 정치인, 노동자, 농민, 보통 시민들까지 민주화 운동에 나서기 시작했다.

평화시장 노동자 전태일의 소원은 무엇이었을까?

"근로 기준법을 지켜라! 우리는 기계가 아니다!"

1970년 11월 어느 아침, 서울의 평화시장 골목에서 불길에 휩싸인 한 청년이 이렇게 외치고 쓰러졌다. 시커멓게 그을린 손에는 근로 기준법이 적힌 책이 쥐어져 있었다.

그의 이름은 전태일. 평화시장의 옷 공장에서 재단사로 일하는 스물두 살 청년이었다. 그는 나이 어린 여성 노동자들이 햇볕도 들지 않는 다락방 공장에서 하루에 열두 시간도 넘게 일하는 모습을 보며 몹시 마음 아파했다. 당시 공장 노동자들에게는 밥 먹고 화장실에 가는 시간조차 제대로 주어지지 않았다. 몸이 아플 때 일을 쉰다는 건 상상도 할 수 없는 일이었다. 그렇게 일하고 받는 월급은 생활하기에 벅찰 정도로 매우 적었다.

봉제 공장의 나이 어린 여성 노동자들 바람이 통하는 시설조차 없는 어둡고 비좁은 공간에서 휴식 시간도 없이 하루 종일 일만 했다.

박정희 정부는 경제 개발에 많은 힘을 쏟았다. 경제는 빠르게 성장했고, 큰 기업도 많아졌다. 외국에서는 대한민국의 빠른 경제 성장을 가리켜 '한강의 기적'이라고 했다. 박정희 정부는 노동자들을 '산업의 역군'이라고 치켜세웠지만, 정작 노동자를 위한 정책에는 관심을 기울이지 않았다. 나라 살림이 나아지면 국민이 고루 잘살 수 있을 것이라고 선전했지만, 부자와 가난한 사람의 차이는 좁혀지지 않았다. 노동자가 일하는 환경도 나아지지 않았다.

　전태일은 바쁜 시간을 쪼개 가며 근로 기준법을 공부하고, 잘못된 현실을 어떻게 바로잡을지 동료들과 토론했다. 근로 기준법에는 노동자의 근로 시간을 하루 여덟 시간으로 정해 놓았지만 공장에서는 이 규정을 제대로 지키지 않았다. 신문도, 방송도, 국회 의원도 공장 노동자의 삶에는 관심이 없었다. 전태일이 공장 사장을 만나 따져도 보고, 관청에 찾아가 호소도 해 보고, 대통령에게 편지도 써 보았지만 아무것도 달라지지 않았다. 그래서 마지막 선택을 했다. 자기 몸에 불을 붙여 공장 노동자의 힘겨운 현실을 세상에 알리고자 한 것이다.

　전태일의 죽음은 많은 사람들에게 큰 충격을 주었다. 그 뒤로 노동자가 겪는 어려움에 관심이 높아졌고, 이를 함께 해결하기 위해 힘쓰게 되었다. 용기를 얻은 노동자들은 노동조합을 만들어 자신들의 권리를 주장하기 시작했다.

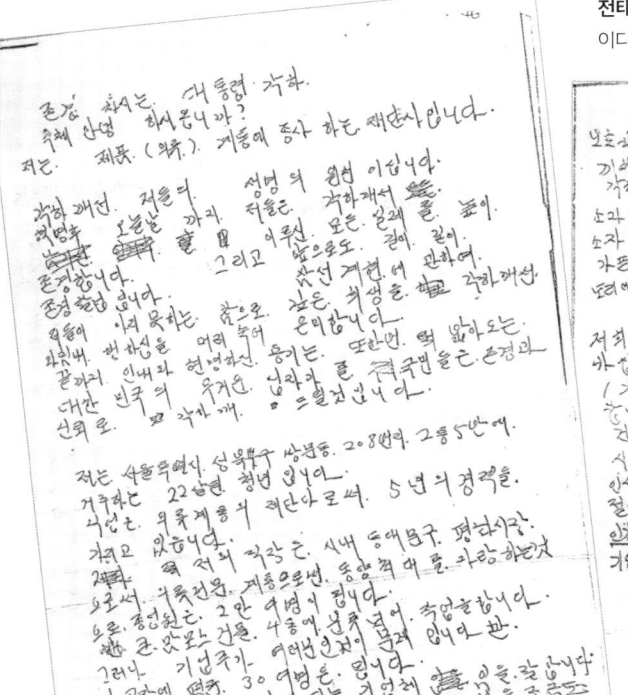

전태일 동상과 그가 쓴 편지 전태일이 박정희 대통령에게 보낸 편지이다. 총 네 장 중 첫째, 넷째 장이다.

그날 광주 시민들은 왜 광장에 모였을까?

1979년 10월, 박정희 대통령이 부하가 쏜 총에 맞아서 죽었다. 사람들은 독재자가 사라졌으니 민주주의가 다시 살아날 것이라고 생각했다. 그런데 12월 12일 전두환, 노태우 등의 군인들이 18년 전 박정희처럼 군대 지휘권을 차지하고 계엄령을 선포했다. 군대를 이용해 권력을 잡으려는 것이었다.

1980년 봄, 전국의 대학생과 시민들은 민주화를 이루겠다는 열망으로 거리로 나와 "전두환은 물러가라! 계엄령을 철폐하라!"라고 외쳤다.

광주에서도 민주화를 요구하는 시위가 거세게 일어났고, 전두환 세력은 시위를 진압하기 위해 특수 훈련을 받은 군인들을 광주로 보냈다. 시위를 무자비하게 진압하여 그 누구도 저항하지 못하게 할 속셈이었다.

5월 18일, 계엄군은 전남대학교 정문 앞에서 "계엄군은 물러가라!"라고 외치며 시위를 하던 학생들에게 달려들어 몽둥이를 휘둘렀다. 이를 말리던 시민들도 사정없이 때렸다. 학생들과 시민들은 피투성이가 되어 쓰러졌다.

이 소식을 듣고 크게 분노한 광주 시민들은 광주를 지키기 위해 전라남도 도청 앞 광장으로 모여들었다. 택시 기사들과

시민을 폭행하는 계엄군 계엄군이 광주 시민을 붙잡아 곤봉으로 마구 때리고 있다.

버스 기사들도 차를 세워 놓고 행동을 같이했다. 건너편에 진을 치고 있던 계엄군은 모여든 시민들을 향해 총을 쏘았다. 광주 거리는 부상자와 사망자로 넘쳐 났고, 더 이상 당하고만 있을 수 없었던 시민들은 총을 구해 무장하고 스스로를 '시민군'이라고 부르며 계엄군과 맞서 싸웠다.

계엄군은 광주와 다른 지역을 연결하는 도로들을 모두 막았다. 신문과 방송은 전두환 세력이 시키는 대로 '북한의 간첩이 광주에 들어와 지금 광주에는 폭도들이 날뛰고 있다.'고 보도했다. 이 때문에 국민들은 광주에서 무슨 일이 벌어지고 있는지 정확히 알지 못했다. 5월 27일, 계엄군이 도청을 지키던 시민들을 무참하게 진압하면서 광주 시민들의 투쟁은 끝이 났다. 열흘 동안 수많은 광주 시민이 계엄군의 손에 목숨을 잃었다.

그 뒤, 광주의 진실을 밝히라는 학생과 시민들의 외침이 오랫동안 계속된 끝에 한동안 광주 사태로 불렸던 이 사건은 '5·18 민주화 운동'으로 이름 붙여졌다. 대한민국 민주화 운동을 대표하는 역사적 사건으로 자리매김한 것이다.

시민군과 계엄군의 대치 광주 금남로에서 시민군이 계엄군의 장갑차에 맞서 버스로 방어벽을 세우고, 계엄군과 맞서고 있다.

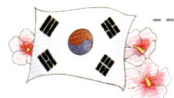

청년 이한열은 어떤 나라를 꿈꾸었을까?

전두환을 중심으로 한 군인들은 5·18 민주화 운동을 군대의 힘으로 진압한 다음, 자신들에게 유리한 방향으로 헌법을 고쳐 전두환을 대통령으로 만들었다. 민주적인 방법으로 정치권력을 잡은 것이 아니었기에 정권 내내 전두환 정부를 향한 비판은 끊이지 않았다.

전두환 대통령의 임기가 끝나 갈 무렵, 국민이 직접 대통령을 뽑을 수 있도록 헌법을 고치자는 국민들의 목소리가 점점 높아졌다. 그래야만 국민이 주인인 민주 정치를 할 수 있다고 생각했기 때문이다. 하지만 전두환은 헌법을 고치자는 국민들의 요구를 받아들이지 않았다. 그리고 자신의 뒤를 이을 여당 대통령 후보로 노태우를 지명했다.

전두환은 자신의 독재를 비판하는 대학생들을 가만두지 않았다. 1987년 1월, 경찰에게 끌려가 조사를 받던 대학생 박종철이 고문으로 숨졌고, 6월에는 시위에 나섰던 대학생 이한열이 경찰이 쏜 최루탄을 머리에 맞고 쓰러졌다.

분노한 국민들은 거리로, 광장으로 쏟아져 나와 독재를 비판했다. 대학생뿐만 아니라 고등학생도, 넥타이를 맨 회사원도, 모두가 한뜻으로 "독재 정권, 살인 정권 물러나라!"를 외쳤다. 전국의 택시 기사들은 약속한 시간에 한꺼번에 경적을 울리며 시위에 참여했다. 국민들은 명령 때문에 어쩔 수 없이 시위대를 향해 최루탄을 쏘는 경찰에게 꽃을 달아 주며 최루탄을 쏘지 말라고 당부했다.

민주화를 요구하는 외침은 6월 내내 계속되었다. 그리고 6월 29일, 마침내 국민이 이겼다. 노태우 후보가 국민의 뜻대로 대통령을 국민이 직접 뽑을 수 있게 헌법을 고치겠다고 발표한 것이었다.

1987년 12월, 국민들은 대통령을 직접 뽑았다. 야당 후보가 여럿 나와 경쟁하는 바람에 결국 여당 후보인 노태우가 대통령으로 당선되었지만, 곧 이어 치러진 국회 의원 선거에서는 6월 민주 항쟁 때 국민들과 뜻을 같이 했던 야당이 크게 승리했다. 그래서 국회가 정부를 감시하고 비판하는 역할을 어느 정도 할 수 있게 되었다.

6월 민주 항쟁 이후 우리 국민은 자신이 생활하는 곳과 일하는 곳을 더 민주적으로 만들고자 노력했다. 노동조합, 농민 단체의 활동이 더욱 활발해졌고, 여성 단체도 생겨나 헌법에 보장된 국민의 권리를 주장했다.

1987년 6월 민주 항쟁으로 대통령을 _____ (으)로 뽑게 되었다.

거리로 나와 직선제 개헌을 외치는 사람들

대통령 직선제를 발표한 날의 모습

민주주의가 더욱 소중하게 느껴져요.

우리나라 민주주의 역사를 추적하라!

역사랑 친해져 볼까?

1948년에 대한민국 정부가 수립된 이후, 우리나라의 민주주의는 많은 사람들의 노력으로 발전해 왔다.

■ 각각의 사건에 알맞은 설명을 찾아 선으로 이어 보자.

제주 4·3 사건	4·19 혁명	전태일 분신

1960년 3월 15일에 이승만 정부가 저지른 부정 선거에 대한 반대 시위로 시작하여 이승만 대통령을 물러나게 만든 사건이다.

1948년부터 1954년까지 이어진 사건으로, 수많은 제주 사람이 억울하게 희생되었다. 훗날 정부에서 국가가 저지른 잘못이라고 인정하였다.

1970년, 한 청년의 죽음을 통해 경제 성장의 주인공이면서도 권리를 제대로 보장받지 못했던 노동자들의 현실에 관심을 갖는 계기가 되었다.

■ 우리 학교에서, 우리 가정에서, 우리나라에서 민주주의가 더 발전하려면 어떤 노력을 해야 할까? 나의 생각을 써 보자.

5·18 민주화 운동

6월 민주 항쟁

1987년, 대통령 직선제 개헌 요구가 높아지는 가운데, 독재 정치를 비판하던 대학생 두 명이 숨지면서 전국적으로 일어난 민주화 운동이다. 이후 대통령을 국민이 직접 뽑을 수 있게 되었고, 국민의 권리 찾기 운동이 더 활발해졌다.

1980년에 광주에서 일어난 사건이다. 계엄군은 민주화를 외치는 시민들에게 무차별적인 폭력을 휘둘렀고, 이런 계엄군을 몰아내기 위해 광주 시민들은 목숨을 걸고 싸웠다.

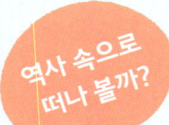 역사 속으로 떠나 볼까?

5월의 축제가 열리는 민주화의 고장 광주로!

1980년 5월, 광주 시민들은 군대를 이용해 정권을 잡으려는 세력에 맞섰다. 광주 시민들은 민주주의를 위해, 가족과 이웃을 지키기 위해 전라남도 도청 광장에 모여 목숨을 걸고 계엄군과 싸웠다. 5·18 민주화 운동이 일어났던 광주를 찾아가 보자.

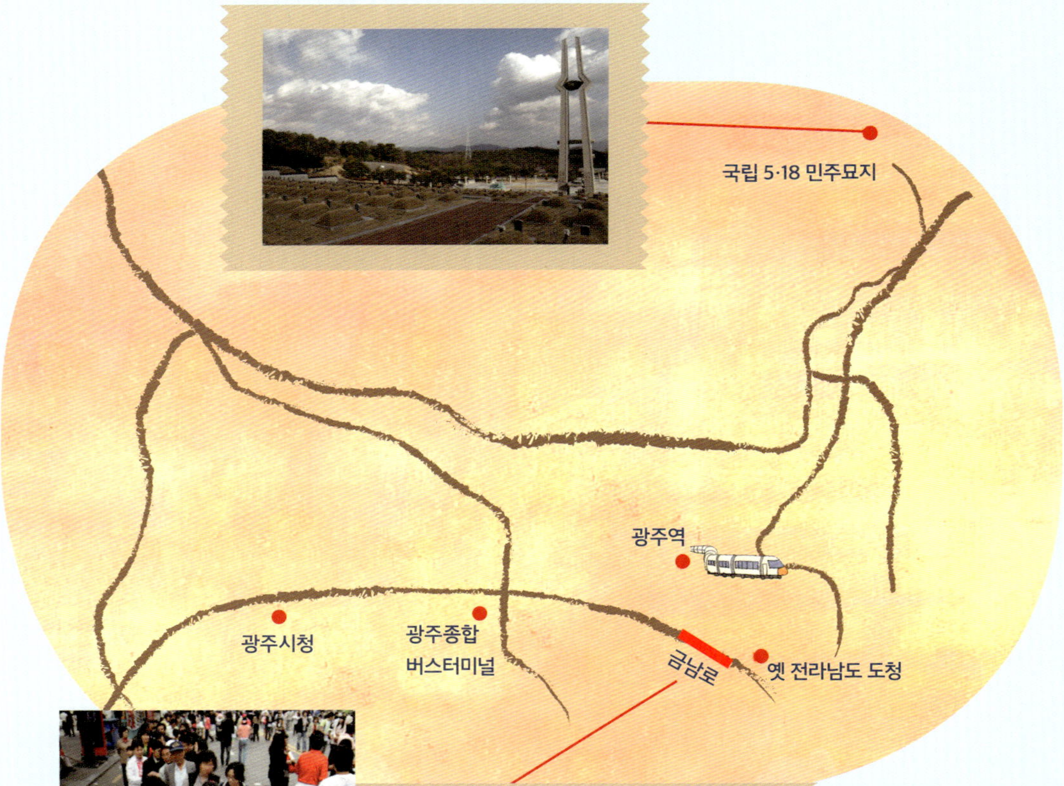

국립 5·18 민주묘지

광주역

광주시청   광주종합버스터미널   금남로   옛 전라남도 도청

5·18 민주화 운동이 일어났던 열흘 동안 광주 시민들은 가족처럼 서로를 의지하고 도왔다. 아주머니들은 주먹밥을 만들어 금남로를 비롯한 거리 곳곳에서 시위대에게 나누어 주었다. 해마다 5·18 민주화 운동 기념일에는 주먹밥 나누기 행사가 열린다.

광주 5월의 축제

■ 인터넷에서 '레드페스타'를 검색해 보자.

■ 금남로에서 하는 5·18 민주화 운동 기념 행사에 참여하고, 가장 기억에 남는 활동을 사진으로 찍어 보자.

국립 5·18 민주묘지

■ 광주 518번 버스를 타고 국립 5·18 민주묘지에 가 보자.
■ 5·18 때 사망한 전재수 어린이의 묘를 찾아 보고, 재수에게 편지를 써 보자.

오두산 정상에 서면 임진강 너머로 무엇이 보일까?
이산가족은 왜 만날 수 없었을까?
'평화의 소녀상'은 왜 세웠을까?
모두가 행복한 미래는 어떤 모습일까?

12

서로의 차이를 넘어, 함께 여는 우리의 미래

오두산 정상에 서면 임진강 너머로 무엇이 보일까?

민경이와 할아버지는 한강과 임진강의 두 물줄기가 만나는 곳에 위치한 오두산에 올랐다. 이곳저곳을 둘러보던 민경이가 할아버지에게 물었다.

"이곳에 백제의 산성이 있었다고요?"

"그렇단다. 조선 시대까지도 이 산성을 계속 사용했다고 하더구나. 오래된 데다가 한국 전쟁 때 많이 망가져서 지금은 성벽의 흔적만 조금 남아 있다고 하더구나. 강을 따라 내려가면 서해 바다와 만나고 근처에 높은 산이 없어서 주변 상황을 한눈에 볼 수 있으니 군사적으로 중요한 곳이었겠지."

산 정상에 도착하자, 통일 전망대가 눈에 들어왔다. 전망대 옥상에 서니 사방이 탁 트인 풍경이 펼쳐졌다.

"망원경을 아래로 내려야지."

"저는 하늘밖에 안 보여요."

"이쪽이 한강, 저쪽이 임진강이란다. 저 임진강 너머가 북한 땅이지."

할아버지는 한동안 아무 말이 없었다. 민경이는 할아버지가 오두산에 자주 오는 이유를 알 것 같았다. 할아버지는 만주에서 어린 시절을 보내다 해방을 맞아 북한 땅으로 들어왔다. 그러다가 한국 전쟁이 터져 피난길에서 가족을 잃고 혼자 남한으로 내려왔다. 잃어버린 가족과 고향 마을이 그리울 때면 오두산 정상에서 북한 땅을 바라본 것이다.

"할아버지, 가족들과 헤어진 지 얼마나 되셨어요?"

"60년도 넘었지. 죽기 전 내 소원은 피난길에 헤어진 가족을 만나는 것, 단 한 번만이라도 고향 땅을 밟아 보는 것이란다."

민경이는 마음이 아프고 안타까웠다.

'나는 엄마를 며칠만 보지 못해도 견디기 힘든데, 그동안 할아버지는 얼마나 힘드셨을까? 할아버지의 소원을 이룰 방법은 없을까?'

오두산 통일 전망대에서 바라본 북한

이산가족은 왜 만날 수 없었을까?

우리나라에는 이산 가족이 많다. 일제 강점기에 징병과 징용으로 전쟁터에 끌려갔다가 가족과 소식이 끊기고, 한국 전쟁 중에 부모, 형제와 헤어지는 등 갖가지 사연으로 이산가족이 되었다. 같은 대한민국 안에 살면서도 서로의 생사조차 모르고 살아온 이산가족도 있고, 민경이의 할아버지처럼 남북으로 흩어진 이산가족도 있다.

1983년에 한 방송국에서 '이산가족 찾기 생방송'을 한 적이 있다. 이때 많은 사람이 텔레비전에서 눈을 떼지 못했고, 방송이 진행됐던 4개월 동안 남한에 사는 이산가족 가운데 1만여 명이 헤어진 가족을 만났다.

'이산가족 찾기 생방송'을 진행할 당시 가족을 찾는 벽보로 가득한 방송국 앞

이산가족 만남의 기쁨 남북으로 헤어져 오랜 세월을 애타게 그리워만 하던 이산가족이 서로 만나 기쁨의 눈물을 흘리고 있다.

악수하는 김대중과 김정일 2000년 6월, 남북 정상 회담 당시 김대중 전 대통령(왼쪽)과 김정일 국방 위원장(오른쪽).

　남북으로 갈라진 이산가족들이 서로 소식을 전하고 만날 수 있게 되기까지는 더 오랜 시간이 걸렸다. 2000년 6월, 남한의 김대중 대통령과 북한의 김정일 국방 위원장이 만나 남북 정상 회담을 열었다. 분단된 지 50년이 넘어 처음으로 남북한의 지도자가 손을 맞잡고, 남북한이 평화롭게 지내는 데 협력하기로 했다. 그리고 같은 해 8월 15일에는 남북 이산가족이 만나는 행사가 열렸다.

　그 뒤로 2015년까지 20차례 남북 이산가족들의 만남이 있었지만, 만남을 원했던 사람들 가운데 아주 적은 수만 가족과 만나는 기쁨을 누릴 수 있었다. 한 번에 만날 수 있는 인원이 제한되었기 때문이다. 만남을 기다리다 세상을 떠난 사람도 많았다.

　이산가족들은 시간이 더 가기 전에 남북한 정부가 협력하여 더 많은 이산가족이 만날 수 있기를 간절히 바라고 있다. 그리고 이것은 이산가족뿐만 아니라 우리 모두의 바람이기도 하다. 서로 오가면서 남북한이 가까워지면 한반도에서 전쟁이 일어날까 염려하지 않아도 되는 평화로운 시대가 열리지 않겠는가.

2000년 6월에 남한의 김대중 대통령과 북한의 김정일 국방 위원장이 만나 역사적인 ＿＿＿＿＿(을)를 열었다.

'평화의 소녀상'은 왜 세웠을까?

수요 시위 일본 대사관 앞, 평화의 소녀상이 있는 곳에서 매주 수요일마다 열리고 있다.

　서울 종로구의 일본 대사관 앞에는 짧은 단발머리에 치마저고리를 입고 의자에 앉아 있는 '평화의 소녀상'이 있다. 이 소녀상의 눈은 일본 대사관을 똑바로 바라보고 있다. 일본 대사관은 외교적으로 일본을 대표하는 곳이니, 소녀상은 일본이라는 나라를 쳐다보고 있는 셈이다.

　평화의 소녀상은 일본군 '위안부'들의 피해와 아픔을 상징한다. 일본군 '위안부'는 과거 일제 강점기에 일본군에 의해 강제로 전쟁터에 끌려가, 성 노예로 극심한 고통과 피해를 당한 여성들이다. 우리나라를 비롯해 아시아 여러 나라에서 약 20만 명의 여성들이 '위안부'로 끌려갔다고 한다.

　일본군 '위안부'는 과거에 일본이 저지른 명백한 전쟁 범죄이다. 하지만 전쟁이 끝나고 지금까지도 일본 정부는 제대로 된 사과를 하지 않고 있다. 심지어 증거가 없다면서 식민지 여성들을 강제로 끌고 갔다는 사실조차 인정하지 않으려 한다. 하지만 '위안부'로 피해를 당한 할머니들이 증인이자 살아 있는 증거이다.

일본 대사관 앞에서는 1992년 1월부터 매주 수요일마다 시위가 열린다. 수요 시위에서는 일본군 '위안부' 문제에 대해 일본 정부가 진심으로 사과할 것과 책임자를 처벌할 것을 요구하고 있다. 일본 대사관 앞 평화의 소녀상은 1,000번째 수요 시위를 기념하며 세웠는데, 그 뒤로도 우리나라뿐만 아니라 해외 여러 곳에 평화의 소녀상을 세우고 있다.

국제 사회에서도 일본 정부에게 잘못을 인정하고 사과할 것을 요구했지만 일본 정부는 여전히 태도를 바꾸지 않고 있다. 2015년 한일 일본군 '위안부' 협상 이후로는 일본 대사관 앞 평화의 소녀상을 철거할 것과 '위안부' 문제를 국제 사회에서 다시 거론하지 않을 것을 우리 정부에 요구하고 있다.

'위안부' 할머니들은 참혹한 고통을 당했지만 피해자에 머물지 않고, '위안부' 문제를 해결하고 전 세계에 평화와 인권의 소중함을 전하기 위해 노력해 왔다. 2018년, 일본 대사관 앞 수요 시위는 26주년을 맞았다. 세계의 여성 단체들은 매년 8월 14일을 전 세계 일본군 '위안부' 피해자를 기리는 '세계 위안부 기림일'로 지정하고, '위안부' 문제를 해결하기 위해 사회 여러 분야의 사람들과 함께 노력하고 있다.

해외에 세운 평화의 소녀상 해외에서는 처음으로 미국 캘리포니아주 글렌데일시 중앙 도서관 앞 공원에 세웠다.

모두가 행복한 미래는 어떤 모습일까?

지금으로부터 약 150여 년 전, 많은 한국인들이 두만강을 건너 러시아의 연해주로 이주했다. 관리들의 횡포와 배고픔에서 벗어나기 위해서였다. 이주한 사람들은 거친 황무지를 일궈 농토를 만들며 힘들게 살았다.

일제 강점기에는 일본의 간섭이 심해지면서 먹고살기가 힘들어진 사람들이 압록강, 두만강 너머에 있는 만주와 간도로 건너갔다. 사탕수수나 파인애플 농장의 노동자가 되려고 미국의 하와이로 배를 타고 떠난 사람도 수천 명이었다. 지독한 가난을 면하려고 큰돈을 벌 수 있다는 외국으로 일하러 간 것이었다. 하와이보다 더 먼 멕시코의 선인장 농장으로 떠나기도 했다. 한국인들은 말도 잘 통하지 않고 문화도 다른 곳에서 노예처럼 일했다. 심한 인종 차별로 고통을 당하기도 했다.

경제 개발이 한창이던 1960~1970년대에는 수천 명이 탄광의 광부로, 병원

하와이의 한국인 노동자들 하와이 이민 초기 시절, 사탕수수 농장에서 일하는 한국인들의 모습이다.

의 간호사로 일하러 독일로 떠나기도 했다. 그리고 지금도 수많은 한국인이 공부를 하러, 일을 하러 세계 여러 나라로 떠나고 있다.

최근에는 우리나라로 이주해 오는 외국인도 많아졌다. 이들은 중국, 베트남, 미국, 필리핀 등에서 일을 하러, 기술을 배우러, 공부를 하러 우리나라에 온 사람들이다. 또 우리나라 사람과 결혼을 하고 삶의 터전을 옮긴 사람도 많다.

이주민들과 우리는 언어, 문화, 외모 등이 다르지만 모두가 대한민국의 구성원으로 살아가고 있다. 서로의 다름을 인정하고 서로를 존중할 때, 우리 모두가 대한민국에서 행복하게 살 수 있을 것이다.

씬 짜오! 전 베트남에서 왔어요.

홀라! 전 멕시코에서 왔답니다.

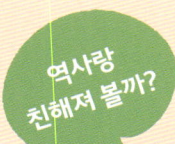

가족 신문을 완성하라!

민경이는 가족들에게 우리 현대사에서 가장 중요하다고 생각하는 사건이 무엇인지, 왜 그 사건이 중요하다고 생각하는지 물어보았다. 그리고 그 내용을 바탕으로 가족 신문을 만들고 있다.

■ 신문의 제목은 '우리 가족이 꼽은 현대사 중요 사건'이다. 사진의 기호를 각자의 이야기 옆 빈 곳에 쓰고, 가족 신문을 완성해 보자.

가 — '위안부' 문제 해결을 위한 수요 시위

나 — 88 서울 올림픽

다 — 6·15 남북 정상 회담

라 — 해방

마 — 6월 민주 항쟁

우리 가족이 꼽은 현대사 중요 사건

우리나라가 일본의 지배에서 벗어나지 못했다면 오늘날의 대한민국은 존재하지 않을 테니까.

50년 가까이 서로 미워하던 남북한이 사이좋게 지낼 수 있다는 희망을 갖게 한 감격적인 사건!

국민들이 대통령을 직접 뽑을 수 있게 된 아주 중요한 사건!

크게 성장한 우리나라의 경제와 문화를 세계에 널리 알릴 수 있었으니까!

전쟁도, 전쟁의 피해자도 없는 평화로운 세상이 되기를 바라는 마음에서!

■ 중요한 역사적 사건은 따로 정해져 있는 것이 아니라 사람마다 다를 수 있다. 나는 현대사에서 무엇을 가장 중요한 사건으로 꼽고 싶은지 이유와 함께 써 보자.

역사의 강을 따라가 볼까?

우리는 지금까지 기나긴 역사 속으로 여행을 다녀왔다. 과거에서부터 미래로 길고 길게 흐르는 역사의 강줄기를 따라가며 각각의 시대에 어떤 일이 있었는지, 어떤 사람이 살았는지 떠올려 보자.

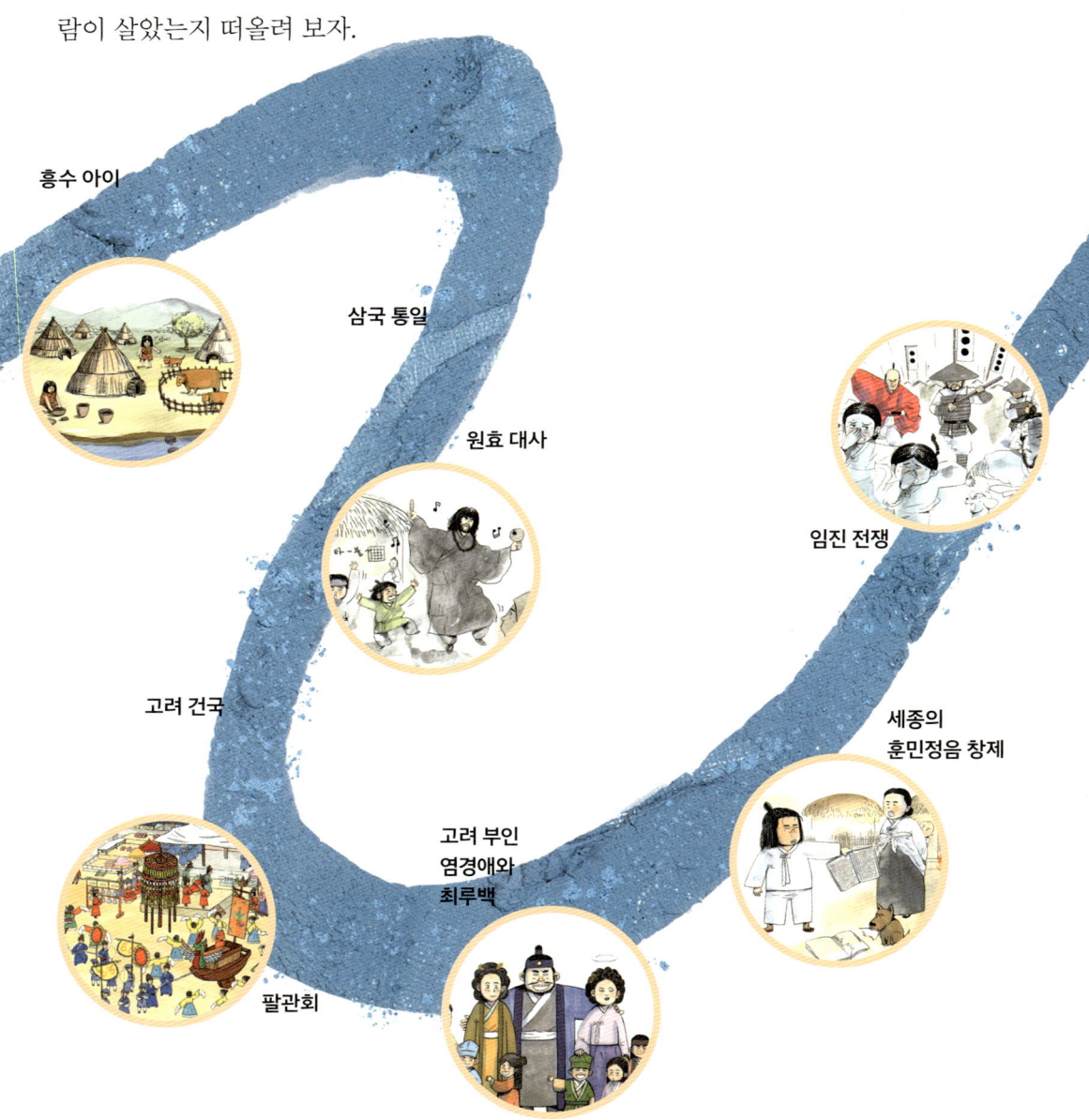

흥수 아이
삼국 통일
원효 대사
임진 전쟁
고려 건국
팔관회
고려 부인 염경애와 최루백
세종의 훈민정음 창제

■ 민경이는 역사 여행을 마치고 기억에 남는 인물과 사건을 강줄기에 표시하였다. 그중 가장 인상적인 인물이나 사건을 골라 보자. 혹시 없다면 강줄기에 추가하고 그 이유를 말해 보자.

진주 농민 봉기
집강소
박서양 의사 되다
전차가 다니다
을사늑약
대한민국 임시 정부
3·1 운동
해방
한국 전쟁
4·19 혁명
5·18 민주화 운동

50년 안에 너에게 꼭 일어났으면 하는 일, 우리나라와 세계에서 꼭 일어났으면 하는 일도 말해 봐!

정답
찾아보기
사진 출처
참고 자료

정답

[용어 퀴즈]

15쪽 농부들은 고추, 배추, 면화, 약초, 인삼 등을 길러 장에 내다 팔았다. 특히 인삼은 무역상을 통해 중국과 일본으로 수출되었다.
29쪽 탈춤에 등장하는 말뚝이는 부패하고 어리석은 양반을 놀리고 조롱하는 인물이다.
39쪽 최제우는 모든 차별이 없어진 평등한 세상을 꿈꾸었다.
48쪽 수신사 김기수는 일본에서 '달리는 쇳덩이' 기차를 보고 깜짝 놀랐다.
51쪽 유길준은 일본 유학에서 돌아와 한성순보라는 신문을 발행하는 데 힘을 보탰다.
63쪽 김개남은 집강소에서 사람들의 억울함을 듣고 처리해 주었다.
67쪽 박성춘과 장용남은 만민 공동회에서 나라에 충성하고 애국하자는 연설을 했다.
101쪽 만주의 독립군 부대는 봉오동과 청산리에서 일본군과 싸워 이겼다.
117쪽 일본은 한국인들을 탄광과 공장의 징용 노동자로 끌어갔고, 천황을 위해 싸우라고 부추겨 군인으로 데려갔다.
119쪽 김준엽과 장준하처럼 일본군 부대에서 탈출한 청년들은 대한민국 임시 정부의 군대인 한국광복군에 들어가 일본군과 싸웠다.
127쪽 우리나라가 일본의 지배에서 해방이 된 해는 1945년이다.
129쪽 한국 전쟁이 끝난 뒤 38도선 대신 분단이 굳어졌음을 뜻하는 휴전선이 그어졌다.
151쪽 1987년 6월 민주 항쟁으로 대통령을 직선제로 뽑게 되었다.
161쪽 2000년 6월에 남한의 김대중 대통령과 북한의 김정일 국방 위원장이 만나 역사적인 남북 정상 회담을 열었다.

[역사랑 친해져 볼까?]

16~17쪽 수복이의 장터 체험
형제가 들른 장소 표시하기

알맞은 말 고르고, 그림에서 찾아보기 - ① 대장간 ② 바구니 가게 ③ 옹기 가게

32~33쪽 그림으로 엿보는 옛 사람들의 생각과 삶
병풍에서 십장생 찾아 쓰기
- 학, 소나무, 사슴, 해, 대나무

덕구 아버지가 장에서 산 그림 찾기
- 어해도

우리 집에 걸고 싶은 그림과 이유 쓰기
- 예 나는 호랑이와 까치를 그린 작호도를 걸고 싶다. 호랑이는 병이나 자연재해를 막아 준다는데, 올해 여름이 너무 더워서 내년에는 덜 덥기를 바라는 마음에서다. 까치는 좋은 소식을 준다는데, 고등학교 3학년인 우리 누나가 대학교에 붙었다는 소식을 들으면 좋겠다.

42~43쪽 평민에게서 배운 정약전
자산어보 속 바다 생물 알아맞히기

문순득이 다녀온 곳 지도에 표시하기
- 오키나와, 필리핀, 마카오

54~55쪽 이것은 무엇일까?
서양 문물 사진과 설명 잇고, 이름쓰기

68~69쪽 국경일은 언제 생겼고, 어떻게 달라졌을까?
대한 제국과 대한민국의 국경일 쓰기
- 개천절, 10월 3일 / 삼일절, 3월 1일 / 광복절, 8월 15일 / 제헌절, 7월 17일

대한 제국과 대한민국의 국경일 공통점 쓰기
- ㉠ 집과 거리에 태극기를 단다.

대한 제국과 대한민국 국경일 다른 점 쓰기
- 대한 제국의 국경일은 주로 황제에게 중요한 날을 기념했고,
  오늘날 대한민국의 국경일은 국민에게 중요한 날을 기념했다.

80~81쪽 우리가 돈을 모아 나랏빚을 갚자!
국채 보상 운동에 참여했을지 생각 쓰기
- ㉠ 나라면 나라가 위기에 빠졌을 때 국민으로서 당연히 도와야 하기 때문에 참여했을 것이다. / 나라면 나라를 망친 황제나 정부가 책임져야 하기 때문에 참여하지 않았을 것이다.

92~93쪽 조선 총독부가 금지한 놀이를 찾아라!
알맞은 놀이 이름을 〈보기〉에서 찾아 쓰기
- 비석치기, 새총놀이, 돌싸움, 연날리기, 꽃찾기놀이, 야구

(가), (나), (다)에 들어갈 놀이 쓰기
- (가) 돌싸움 (나) 새총놀이 (다) 연날리기

106~107쪽 지도에서 이곳을 찾아라!
설명을 읽고 지도에 같은 모양 표시하기
- ★ 경복궁 ♥ 탑골공원 ■ 서대문 형무소 ▲ 동양 척식 주식회사

120~121쪽 할머니가 그림으로 말하고 싶은 것은?
할머니의 입장이 되어 하고 싶은 말 쓰기
- 고 김순덕 할머니: ㉠ 한국 소녀 여러 명이 배를 타고 끌려갔어. / 나는 일본 군인들에게 끌려가 아주 무섭고 끔찍한 일을 당했지 등
- 고 김복동 할머니: ㉠ 꽃다운 젊은 시절을 아픔과 고통 속에서 보내야만 했어. / 젊은 날을 빼앗겨 버린 거지 등
- 고 강덕경 할머니: ㉠ 나에게 고통을 주었던 사람들에게 사과를 받고 싶어. / 죄를 저지른 사람들이 진심으로 반성하고 용서를 구하기를 바란단다 등

할머니에게 하고 싶은 말이나 할 수 있는 일 쓰기
- 예 열심히 역사 공부를 해서 일본이 역사 왜곡을 하지 못하게 할게요. / 할머니가 겪은 일들을 세상에 바로 알리기 위해서라도 역사 공부 열심히 할게요. / 수요 시위에 저도 참여해서 할머니들과 뜻을 함께할게요. / 전쟁 없는 평화로운 세상을 만들어 나갈게요 등

134~135쪽 누가 겪은 일일까? 사진의 주인을 찾아라!
세 사람에게 해당하는 사진 번호 쓰기
- 할아버지 얼굴: 1, 4, 7 / 아빠 얼굴: 5, 6, 8, 9 / 민경이 얼굴: 2, 3, 10

152~153쪽 우리나라 민주주의 역사를 추적하라!
사진과 설명 바르게 잇기

민주주의 발전에 관한 생각 쓰기
- 예 차별하는 말을 하지 않아야 한다. 나부터 다른 사람의 의견을 존중하고, 공평하게 말하고 행동하려고 노력할 것이다. / 모든 친구들이 행복할 수 있도록 학교에서 왕따를 없애는 데 노력하겠다. / 수학여행 장소를 학교 선생님이 정하지 말고 학생들이 투표로 정한다.

166~167쪽 가족 신문을 완성하라!
알맞은 사진 기호를 써 넣어 가족 신문 완성하기
- 할머니 얼굴: 다 / 할아버지 얼굴: 라 / 엄마 얼굴: 마 / 아빠 얼굴: 나 / 민경이 얼굴: 가

현대사의 중요한 사건 꼽고 이유 쓰기
- 예 5·18 민주화 운동: 우리나라의 민주화 운동을 대표하는 사건이기도 하고, 무엇보다도 역사적 진실은 꼭 밝혀져야 한다는 생각에서! / 전태일 분신 사건: 이 사건을 계기로 노동자가 겪는 어려움에 이전보다 많은 사람들이 관심을 갖게 되었기 때문에!

[역사 속으로 떠나 볼까?]

20~21쪽 '안성맞춤'이라는 말이 생겨난 안성으로!

안성시장
- 안성 오일장은 2와 7로 끝나는 날에 열린다.
- 유기 그릇, 뻥튀기 기계, 엿장수

안성남사당공연장
- ㉮ 아이돌 공연 때는 무대에서 멀리 떨어진 곳에서 아주 작게 춤추는 모습만 보았다. 그런데 남사당놀이는 관객이 빙 둘러싸고 가까이서 소리와 몸짓을 보니까 나도 함께 공연하는 기분이 들었다.

안성맞춤박물관
- 사진 생략

56~57쪽 우리나라 최초의 철도가 놓인 인천으로!

인천역
- 사진 생략
- 철도 이름은 경인선이고, 도착한 역은 서울 노량진이다.
- ㉮ 걸어서 12시간이면 하루의 반을 걷는 것인데, 1시간 30분 만에 가게 되면 10시간 30분이 남는다. 그러면 아침에 인천을 출발하여 서울에 가서 점심을 먹고 서울 구경을 하고 저녁을 먹기 전에 인천에 돌아올 수 있다.

인천개항박물관
- 옛날 인천의 모습을 보여 주는 각종 사진 자료, 모형 등을 통해 옛날 인천역과 인천항의 모습을 자세히 알 수 있다.

소래 포구
- 생략

108~109쪽 독립운동의 발자취를 따라 만주와 상하이로!

만주 용정중학교
- 사진 생략
- ㉮ 내가 용정에 살았다면 학교에서 공부를 열심히 하며 친구들과 독립을 위해 할 일을 의논했을 것이다. / 나는 군사 훈련을 더 열심히 받았을 것이다.

상하이 대한민국 임시 정부 유적지
- 생략

상하이 루쉰 공원
- 너희도 만일 피가 있고 뼈가 있다면 반드시 조선을 위해 용감한 투사가 되어라. 태극의 깃발을 높이 드날리고 나의 빈 무덤 앞에 찾아와 한 잔 술을 부어 놓으라. - 유촉시(죽은 뒤의 일을 부탁하거나 당부하는 글) '강보에 쌓인 두 병정에게' 중에서

154~155쪽 5월의 축제가 열리는 민주화의 고장 광주로!
광주 5월의 축제
- 레드페스타는 5·18 민주화 운동 기념일에 청소년들이 중심이 되어 진행하는 문화제이다.
- 사진 생략

국립 5·18 민주묘지
- 생략
- 예 재수야, 안녕.
 나는 서울에 사는 민경이야. 지금 5학년이니까 너보다 누나야. 부모님께 네 이야기를 듣고 많이 놀랐어. 1980년 광주에서 많은 사람들이 죽고 다쳤다고 들었는데, 나보다 어렸던 너도 무덤에 묻힌 걸 보니 정말 슬프다. 부모님께서 그때 나쁜 행동을 하고, 못된 명령을 내렸던 사람들이 벌을 받았다고 하셨어. 네가 하늘나라에서 그 벌 받은 사람들을 보며 덜 억울해하면 좋겠다. 잘 있어.

[역사의 강을 따라가 볼까?]
168~169쪽
인상적인 인물과 사건 고르고, 추가하기
- 예 청동기 마을의 구리, 가야 소녀 송현이, 일본군에 맞서 싸운 의병들, 국채 보상 운동에 참여한 여성들, 일본군에 끌려갔던 김순덕 등

나와 우리나라, 세계에 일어났으면 하는 일 말하기
- 예 나: 훌륭한 음악가가 되어 멋진 곡을 쓰고 연주를 하는 것. / 우리나라: 남과 북이 통일이 되어 전쟁 걱정이 없는 나라가 되는 것. / 일본군 '위안부' 할머니들이 일본으로부터 꼭 제대로 사과를 받는 것. / 세계: 가난한 나라가 없어져서 모든 어린이들이 행복하게 공부하고 자랄 수 있게 되는 것.

찾아보기

3·1 만세 운동 68, 99
38도선 127~129
4·19 혁명 144
5·18 민주화운동 149~150, 153
6월 민주 항쟁 151, 153, 166

ㄱ

경제 개발 146, 164
공명첩 27
국민소학독본 66
국채 보상 운동 80~81
군함도 116~117
궁성 요배 114~115
김개남 60, 62~63
김기수 48
김좌진 100~101
김준엽 118~119

ㄴ

나눔의집 120
나석주 102~103, 107
남북 정상 회담 161, 166
놀부 24~25
농민 봉기 41

ㄷ

담배 12~13, 15
대성 학교 77
대한민국 68~69, 98~99, 138, 140~141, 146, 149, 152, 160, 165, 167
대한민국 임시 정부 96~97, 99, 108~109, 118~119
데라우치 84~85
독립 선언서 94~95, 107
동양 척식 주식회사 88, 102~103, 106
동학 39, 60~61

ㅁ

마패 37
만민 공동회 65~66
말뚝이 28~29
매켄지 74~75
모란도 33
문순득 42~43
민주주의 138~139, 148, 150~153
민화 32

ㅂ

바구니 가게 19
박서양 64~65
박성춘 65, 67
방물장수 16

방정환 104~105
보빙사 50~51
보통학교 85~86
보통학교 국어 독본 87
봉오동 전투 100~101, 108
분단 129, 161

ㅅ

상평통보 17
서당 30~31, 38, 66
서당도 31
서대문 형무소 106
수봉(김수봉) 26~27, 30
수신사 48
신궁(신사) 참배 87
십장생도 32

ㅇ

안창호 76~77
알세스트호 항해기 46
암행어사 36~37
애국반 112~113
양반 13, 24~31, 39, 41~42, 46, 60, 62~63
양탕국 53
어린이날 104
어해도 33

오산 학교 77
옹기 가게 19
유길준 50~51
윤희순 74~75
을사늑약 72~74, 79
을씨년스럽다 73
이묘봉인도 12
이산가족 129, 160~161
이상설 78~79
이승훈 76~77
이야기꾼 24~25
이위종 78~79
이준 78~79
인삼 15
일본군 '위안부' 117, 120, 162~164

ㅈ

자리 짜기 31
자산어보 42
작호도 33
장덕순 42
장용남 66~67
장준하 117~119
장터 16~18, 24, 26, 36, 38, 40
전봉준 60~61, 63
전차 49, 52~53
전태일 146~147, 166
정약용 36~37, 42

179

정약전 42~43
제주 4.3 사건 141, 152
조사 시찰단 49~50
조선 총독부 85, 87~90, 95, 101~102, 105~107, 114, 119
집강소 62~63

헤이그(헤이그 특사) 78~79
홍범도 100~101
황성신문 66, 72
흥부전 24~25

ㅊ
최제우 38~39, 60
청산리 전투 100~101, 108

ㅌ
탈 29
탑골 공원 94, 106

ㅍ
평화의 소녀상 162~163
표해시말 43

ㅎ
한국광복군 117, 119
한국 전쟁 125, 128~130, 158~160
한성순보 50
해방 125~127, 134, 159, 166
헌법 68, 98~99, 138, 142, 144, 150, 151

사진 출처

경기도 122(김복동 할머니)
경기도 안성시 21(안성 오일장, 남사당 공연, 안성 유기)
경상남도 교육청 114(목검 훈련)
경향신문 135(책보), 145(장발 단속), 151(직선제 발표일)
국가기록원 130(70년대 가발 공장), 131(새마을 운동), 161·166(6·15 남북 정상 회담)
국립고궁박물관 66(국민소학독본)
국립민속박물관 17(상평통보), 27(공명첩), 29(봉산가면 말뚝이·취발이·생원), 32(자수십장생도 병풍), 33(어해도, 모란도), 37(마패 앞·뒤), 53(가족사진), 55(기차), 89(어린나무꾼, 바구니장수), 105(잡지 『어린이』, 『어린이』 부록), 133(반공 포스터)
국립중앙박물관 31(〈서당〉, 〈자리 짜기〉), 33(〈작호도〉), 46(알세스트호 항해기)
나눔의집 120(나눔의집, 고 김순덕 할머니, 〈끌려가는 배 안〉, 〈그때 그곳에서〉), 121(〈14세 소녀 시 끌려가는 날〉, 〈젊은 날은 어디 가고〉, 고 강덕경 할머니, 〈우리 앞에 사죄〉, 〈책임자를 처벌하라〉)
뉴스뱅크 135(시험 풍경), 132·135(이부제 수업), 133·135(겨울철 교실 풍경), 143(정부통령 선거 시위), 143·152(탱크에 올라탄 시민들), 145(미니스커트 단속), 148(광주 계엄군), 149·153(광주 계엄군과 시민), 151·153·166(6월 민주 항쟁), 154(5·18 민주화 운동 추모 행사)
독립기념관 54(옥호루 전등), 72(한일협약도), 77(이승훈, 오산 학교, 대성 학교), 79(만국 평화 회의보에 실린 세 특사), 87(칼 찬 교사들, 신궁 강제 참배), 97(임시의정원, 상하이 임시 정부 청사), 113(학도병 징병), 126·134·166(해방), 165(하와이의 한인 노동자)
동작구청 69(태극기 게양)
문화재청 50(한성순보), 65(에비슨과 박서양), 95(진관사 태극기), 107(팔각정)
박경한 39(최제우 나무)
북앤포토 48(수신사 행렬), 52(1890년대 종로, 1900년대 종로), 54(개화기 자전거), 55(전화 교환수), 61(무명동학농민군위령탑), 62(집강소 기록화), 84(근정전 일장기), 134(오늘날 급식)
서울대학교규장각한국학연구원 69(만수성절)
연합뉴스 109(윤봉길 의사 기념관, 용정중학교 교실), 127(38도선을 넘는 가족), 140(김아영), 142(4월 혁명 표지석), 160(이산가족 벽보), 163(미국 글렌데일 시 평화의 소녀상)
오두산통일전망대 159(북한 풍경)
위키피디아 12(이묘봉인도), 13(담배밭, 말린 담뱃잎), 46(알세스트호 항해기 삽화), 49(요코하마 항구 그림), 57(인천역-분당선M), 77(안창호), 97(김구 집무실), 107(서대문 형무소-awesong, 경복궁-이상곤), 117(군함도), 128(소녀와 탱크), 129(흥남 부두, 전쟁고아), 143(돼지오줌보 축구공, 낡은 축구공), 147·152(전태일 흉상), 152(제주 4·3-Mchappus12), 154(5·18 민주 묘지-Pioneerhj), 161(남북 이산가족 상봉-Divided Families Foundation), 162·166(수요 시위-Pudmaker at Korean Wikipedia)

이희주 115(사하 공립 소학교 근로), 117(갱도)

인천광역시 남동구청 57(소래철교)

전태일재단 147(전태일 편지)

중앙일보 146(평화시장 여공)

한국관광공사 57(인천개항박물관)

한국학중앙연구원 25(흥부전 표지·본문), 141(제주 4·3 희생자 위령비)

* 이 책에 사용한 사진은 박물관과 저작권자의 허가를 받아 게재한 것입니다. 저자 및 출판사가 저작권을 가지고 있는 사진은 출처 표시를 하지 않았습니다. 허가를 받지 못한 일부 사진에 대해서는 저작권자가 확인되는 대로 허가를 받고 사용료를 지불하겠습니다.

참고 자료

KBS 역사스페셜 제작팀, 『KBS 신역사스페셜 우리 인물, 세계와 通하다』, 가디언, 2011
KTV 국민방송 인터넷 라디오 홍옥희의 〈그림 읽어 주는 여자-김홍도의 서당편〉
고성훈 외, 『민란의 시대』, 가람기획, 2000
교육과학기술부, 『사회과 탐구 5-2』
권내현, 『노비에서 양반으로, 그 머나먼 여정』, 역사비평사, 2014
김덕진, 『대기근, 조선을 뒤덮다』, 푸른역사, 2008
김순전 외 역, 『초등학교 일본어 독본 1』, 제이앤씨, 2009
김순전 외, 『식민지 조선 만들기』, 제이앤씨, 2012
김정인, 『민주주의를 향한 역사』, 책과함께, 2015
김정호, 이희근, 『초등 저학년을 위한 처음 한국사 7』, 주니어랜덤, 2012
김종덕, 고병희, 송일병, 옥수수의 도입과정과 기장, 수수와의 상관관계, 사상의학회지, 1998
김준엽, 『장정 전 5권』, 나남출판, 2017
김준형, 『1862년 진주 농민 항쟁』, 지식산업사, 2001
김태웅, 『우리 학생들이 나아가누나』, 서해문집, 2006
김희선, 朝鮮後期 社會·經濟的 變動이 食生活에 미친 影響, 이화여자대학교대학원 석사학위논문, 1987
독립기념관, 『대한민국 임시정부』, 국가보훈처
박은봉, 『한국사 편지 4』, 책과함께어린이, 2009
손택수, 정약전 원저, 『바다를 품은 책 자산어보』, 아이세움, 2006
신동흔, 『흥부전』, 휴머니스트, 2013
신재효, 『토끼전』, 『흥부전』
염정섭, 『아! 그렇구나 우리 역사 11』, 여유당, 2007
유길준, 허경진 역, 『서유견문』, 서해문집, 2004
유옥경, 조선 후기 풍속화의 農繁期 들밥(饁)과 술(酒), 『미술사학 27』, 2013
이서지, 『장날』, 한솔수북, 2008
이승원, 『학교의 탄생』, 휴머니스트, 2005
이원정, 우리나라 고대, 현대 채소류의 종류 및 이용, 숙명여자대학교대학원 석사학위논문, 2002
이윤우, 『제중원 박서양』, 가람기획, 2010
이임하, 『한국 여성사 편지』, 책과함께어린이, 2009
장세윤, 『봉오동 청산리 전투의 영웅』, 역사공간, 2007
장준하, 『돌베개: 장준하의 항일대장정』, 돌베개, 2015
전국역사교사모임, 『심마니 한국사 I』, 역사넷, 2000
전국역사교사모임, 『행복한 한국사 초등학교 7』, 휴먼어린이, 2009
전국역사교사모임, 이성호, 『어린이 살아있는 한국사 교과서』, 휴머니스트, 2004~2005
전우용, 『우리 역사는 깊다 1·2』, 푸른역사, 2015
정승모, 『시장의 사회사』, 웅진지식하우스, 1992
정학유 지음, 김영호 엮음, 『농가월령가』, 창해, 2008
최석조, 『김홍도 풍속화로 배우는 옛 사람들의 삶』, 아트북스, 2008

질문으로 시작하는
초등 한국사 2

1판 1쇄 발행일 2018년 9월 28일 **1판 3쇄 발행일** 2021년 7월 22일
글 한국역사교육학회 **그림** 오승만
펴낸곳 (주)도서출판 북멘토 **펴낸이** 김태완
편집주간 이은아 **편집** 조현정, 김정숙, 조정우 **디자인** 안상준 **마케팅** 최창호, 민지원 **사진 진행** 북앤포토
출판등록 제6-800호(2006. 6. 13.) **주소** 03990 서울시 마포구 월드컵북로6길 69, IK빌딩 3층
전화 02-332-4885 **팩스** 02-6021-4885
bookmentorbooks__ bookmentorbooks bookmentorbooks@hanmail.net

ⓒ 한국역사교육학회·오승만, 2018

※ 잘못된 책은 바꾸어 드립니다.
※ 이 책은 저작권법에 따라 보호를 받는 저작물이므로 무단전재와 무단복제를 금합니다.
   이 책의 전부 또는 일부를 쓰려면 반드시 저작권자와 출판사의 허락을 받아야 합니다.

ISBN 978-89-6319-280-2 74910 **ISBN** 978-89-6319-278-9 74910(세트)

이 도서의 국립중앙도서관 출판예정도서목록(CIP)은 서지정보유통지원시스템 홈페이지
(http://seoji.nl.go.kr)와 국가자료공동목록시스템(http://www.nl.go.kr/kolisnet)에서
이용하실 수 있습니다. (CIP제어번호: CIP2018029478)

인증 유형 공급자 적합성 확인 **제조국명** 대한민국 **사용연령** 8세 이상
KC마크는 이 제품이 공통안전기준에 적합하였음을 의미합니다.
종이에 베이거나 책 모서리에 다치지 않도록 주의하세요.